Tomate

Tom

Coleção Aromas e Sabores da Boa Lembrança

A ASSOCIAÇÃO DOS RESTAURANTES DA BOA LEMBRANÇA

apresenta

ate

Texto **Danusia Barbara**   Fotos **Sergio Pagano**

Aromas e Sabores da Boa Lembrança – *Tomate*
© Associação dos Restaurantes da Boa Lembrança e Danusia Barbara

Direitos desta edição reservados ao Serviço Nacional de Aprendizagem Comercial
– Administração Regional do Rio de Janeiro.

Vedada, nos termos da lei, a reprodução total ou parcial deste livro.

SENAC RIO

Presidente do Conselho Regional
ORLANDO DINIZ

Diretor Regional
DÉCIO ZANIRATO JUNIOR

EDITORA SENAC RIO
Avenida Franklin Roosevelt, 126/604
Rio de Janeiro I RJ I CEP: 20.021-120
Tel.: (21) 2240-2045 - Fax: (21) 2240-9656
www.rj.senac.br/editora

Projeto editorial e Coordenação de produção
ANDREA FRAGA D'EGMONT

Coordenação técnica e receitas
ASSOCIAÇÃO DOS RESTAURANTES
DA BOA LEMBRANÇA

Editor
JOSÉ CARLOS DE SOUZA JÚNIOR

Texto
DANUSIA BARBARA

Concepção fotográfica e fotos
SERGIO PAGANO

Produção das receitas e food style
SERGIO PAGANO E ASSOCIAÇÃO DOS
RESTAURANTES DA BOA LEMBRANÇA

Assistente de fotografia (Rio e São Paulo)
JOSÉ PAULO CALDEIRA

Pesquisa
DANUSIA BARBARA, THEREZA PIRES
E ANDREA FRAGA D'EGMONT

Coordenação de prospecção editorial
MARIANNA TEIXEIRA SOARES
E MARIANA VARZEA

Coordenação editorial
KARINE FAJARDO

Edição de receitas
ANGELA BRANT

Design
SILVANA MATTIEVICH

Coordenação de arte
ANDRÉA AYER

Editoração eletrônica
JULIANA ANDRADE

Padronização das receitas
CENTRO DE TURISMO E HOTELARIA DO SENAC
RIO / ADRIANA REIS E BERTRAND BOUVIER

Indicação de vinhos
SOMMELIER MARCOS LIMA

Impressão
Gráfica Minister

1ª edição: abril de 2005

Tiragem
3.000 exemplares

É extremamente honrosa para o Senac Rio a parceria com a Associação dos Restaurantes da Boa Lembrança neste projeto que enaltece e registra a criatividade de *chefs* de todo o Brasil, divulgando suas receitas de sucesso.

O Senac Rio, por intermédio do Centro de Turismo e Hotelaria, promove a melhoria dos serviços prestados em restaurantes e hotéis, com atividades de assessoria e atuando como agente de treinamento de profissionais da área, que, uma vez inseridos no mercado de trabalho, tornam-se extremamente bem-sucedidos em suas carreiras.

Por esse motivo, é, para nós, de grande importância a publicação de obras como esta, que atingem um público de interessados em alta-gastronomia e servem de modelo para nossos estudantes e clientes, instigando a sua curiosidade e criatividade. Trata-se de uma deliciosa viagem gastronômica que deleitará os leitores com primorosas receitas e informações técnicas inéditas sobre o tema.

A todos os parceiros e colaboradores, nossos agradecimentos.

ORLANDO DINIZ
Presidente do Conselho Regional do Senac Rio
Maio de 2001

"Caros amigos, gourmets, amantes da boa cozinha, leitores, com orgulho e prazer escrevo para explicar-lhes o início de uma história que..."

Com estas exatas palavras, iniciei o prefácio do primeiro livro da Associação dos Restaurantes da Boa Lembrança. Estávamos felizes, dando nossos primeiros passos para tornar ainda mais completas nossas mesas. Além dos pratos em si, suas receitas e, de quebra, um passeio pelo Brasil.

No início (02/02/94) éramos apenas 13 restaurantes associados. Por ocasião da feitura do primeiro livro, passamos a 19 e hoje somos quase setenta restaurantes, em 15 estados brasileiros e no Distrito Federal. Atendemos milhares de clientes, amantes da boa mesa. Muitos se tornaram nossos amigos e cuidadosos colecionadores de nossos pratos de cerâmica pintados à mão, marca tangível dos sabores degustados.

Agora partimos para uma nova empreitada, a coleção de livros temáticos. Começamos com o tomate, prosseguiremos com outros, sempre com o propósito de divulgar novas maneiras de lidar com os produtos que nos fornecem energia vital, alegrias, prazeres. A saga do tomate no mundo, suas histórias e os preconceitos que enfrentou, pareceram-nos uma boa metáfora do que é importante na vida: lutar pelo melhor. As receitas traçam um painel de sugestões de todos os segmentos da cozinha contemporânea brasileira.

Bom proveito!

DANIO BRAGA
Presidente da Associação dos Restaurantes da Boa Lembrança
Maio de 2001

Sumário

O Indispensável Tomate	8
DANUSIA BARBARA	
Entradas	21
Massas & Risotos	55
Peixes & Crustáceos	77
Aves & Carnes	97
Sobremesas	122
Dicas	133
Glossário	137
Índice Remissivo de Restaurantes	139
Índice Remissivo de Receitas	140
Relação dos Restaurantes Associados	142
Sobre os Autores	144

DANUSIA BARBARA

O Indispensável
Tomate

é chique, é alto-*design*,
é delicioso, é o máximo!

Tradicional por fora e contemporâneo por dentro. Ou contemporâneo por fora e tradicional por dentro? Os dois. Tomate é assim: versátil.

É essencialmente fruta, mas tem seu lado legume. Alimento múltiplo, dos mais usados na atual culinária mundial, sofreu momentos malditos quando foi considerado veneno. Durante séculos, serviu apenas de ornamento a jardins. Hoje, todos sabem que é potente anticancerígeno, entre outras prendas fantásticas.

Tomate é para ser comido, saboreado, devorado, decifrado. Produz iguarias gastronômicas inolvidáveis: sopas, molhos, suflês, sobremesas, sorvetes, purês, coquetéis. É solar, sensual, inebriante. Tornou-se marca cultural em várias nações: imagine a Itália sem tomate na macarronada ou na *pizza*. Ou a Espanha sem o rubro *gazpacho*, a França sem tomates recheados ou com uma *ratatouille* anêmica, isto é, sem tomates. Calcule os Estados Unidos sem o *ketchup* básico, a China sem o *jazzed hoisin* (um molho) ou o Vietnã sem seu *sot ca chua* (outro molho).

Na Ásia, o tomate só começou a ser mais bem conhecido no século XX, enquanto os árabes da Tunísia, Argélia e Marrocos tiveram mais sorte: esperaram apenas até o século XIX. Quer coisa mais marcante de certas épocas e ambientes que os pratos e as bandejas de gloriosos bufês enfeitados de rosas feitas de casca de tomate? Como um simpático guerrilheiro, o tomate está em todas. O poeta Pablo Neruda rendeu-se a seus poderes e escreveu a belíssima *Ode ao tomate*: "A faca mergulha em sua polpa viva, vermelho visceral, solar, profunda, inesgotável..."

Energiza, perfuma, serve de cosmético, está até na alta-costura. Yves Saint Laurent brilhou lançando vestidos *chemisiers* com pequenos tomates estampados de seda. Ungaro criou

A saga do tomate começou há muitos séculos, no novo continente, mais exatamente na região compreendida entre Peru, Equador e Bolívia, depois estendida até o México, onde os astecas deram-lhe o nome de *tomatl.*

uma coleção de lenços com o mesmo motivo. Dolce & Gabanna desenharam a bolsa bem-humorada que reproduz a fruta.

Como se isso não bastasse, *blushes*, batons e esmaltes de unha de grifes poderosas (como Estée Lauder e Revlon) recorrem ao tom em suas coleções de verão. Na cosmética de ponta, os princípios ativos do tomate são usados em cremes rejuvenescedores que combatem os radicais livres e mantêm a elasticidade da pele. São produtos caros e raros, prometem milagres contra flacidez, rugas e inchaços. O último e mais surpreendente uso do tomate nesta área aproveita seu sutilíssimo aroma ácido-frutado na formulação de perfumes. Isso mesmo: um cheirinho de tomate fresco faz parte do buquê de caros perfumes modernos como *Le Feu*, de Issey Miyake, ou *J'Adore*, de Christian Dior.

A saga do tomate começou há muitos séculos, no novo continente, mais exatamente na região compreendida entre Peru, Equador e Bolívia, depois estendida até o México, onde os astecas deram-lhe o nome de *tomatl*. Pequenina, amarela, tipo tomate-cereja de hoje, era fruta nativa, dava à vontade, dispensava cultivos. Os espanhóis a levaram para a Europa, mas foi recebida com desconfiança: suas ligações com a família das solanáceas acabaram impondo-lhe a pecha de planta perigosa, quiçá venenosa, certamente feiticeira. Um médico suíço narra, no século XVII, que conseguiu acalmar uma pessoa nervosa que estava quebrando tudo o que via pela frente pedindo-lhe que segurasse um tomate.

Receando seus poderes, os botânicos deram-lhe o nome latino de *lycopersicon* (pêssego do lobo). Só no final do século XVIII acrescentaram o adjetivo *esculentum* (comestível). Mas esse comestível pêssego do lobo (*lycopersicon esculentum*) penou para ser aceito. "Tomate tem parte com o Diabo, é coisa de bruxa, é sangue correndo solto, bem ao contrário da beterraba, que tem textura e cor de sangue coagulado. Nunca coma tomate, é veneno puro, apesar de afrodisíaco. No máximo, presta para enfeitar jardins." Estranhou tais pensamentos? Pois assim foi durante muito tempo na Europa, que saía da Idade Média quando acolheu o tomate. A ojeriza era tão grande que há escritos registrando como a fruta tinha capacidade de corromper (*sic*) estômagos e almas.

Em 1550, o naturalista Cesalpino refere-se ao tomate como a *mala insana*, isto é, o pomo não saudável. Alguns anos mais tarde, Petrus Matthiolus pintou e descreveu a *mala peruviana*, o pomo do Peru (o que causou certa confusão, pois, embora nativo do Peru, foi no México que os conquistadores europeus adotaram seu nome – *tomatl* – e de lá levaram as primeiras plantas para a Europa). Passados muitos anos, quando já se admitia o ato de comer "esta inutilidade danosa", recomendava-se neutralizar seus elementos tóxicos cozinhando os tomates por no mínimo três horas.

Em determinado momento, tentou-se um certo *marketing* para inverter a situação: foi levado para a Itália sob o nome de *pomo d'oro*, por ser amarelo e ter supostos poderes afrodisíacos. Mas continuou desprezado, até alguns camponeses conseguirem desenvolver uma variante vermelha. A partir daí, as coisas foram mudando. Em meados de 1700, o cozinheiro italiano Francesco Leonardi preparou uma massa com molho de tomate, dando início ao caso de amor profundo entre *pasta* e *pomodoro*. Deste casamento, nasceu toda uma tribo de *salse, sughi* e *ragu*.

A união foi tão profunda que, hoje, não se pensa em tomate sem associá-lo à culinária italiana. Há até a historinha do padre de uma pequena cidade na Romagna. Era um enxerido, metia o nariz em tudo que acontecia por lá. Mas era doce e honesta figura, suas intervenções produziam mais benesses que males. Daí o apelido de Dom Pomodoro. Como o tomate, dava-se bem em qualquer lugar, tinha mil e uma utilidades.

A festa anual da Tomatina, em Bunol, Catalunha, na Espanha, é outro exemplo de como o tomate assumiu novos encargos e funções. Por 15 minutos, na última quarta-feira de agosto, ao meio-dia, a cidade é dominada pelos atiradores de tomates. Num entusiasmo frenético, atroz, compulsivo, a praça principal desaparece em meio à chuva de tomates, que se esborracham no chão, sujam de vermelho pessoas e coisas, numa grande bagunça, misto de fúria e alegria. Os sucos escorrem pelas valas como sangue, os tomates amassados formam um leito no qual as pessoas deitam-se, lambuzam-se, anarquizam. O cheiro forte de tomate se espalha por todos os lados. É uma vasta brincadeira, um grande carnaval, um veemente descarrego vermelho.

Entre os bambaras, do Mali e do Senegal, o tomate é tido como alimento que ativa profundamente a fecundidade. Os casais devem comê-lo antes de concretizar sua união e as mulheres oferecem aos céus sucos de tomates (vermelhos como sangue de oferendas) que, dizem, aceitos pelos deuses, retornam à Terra sob forma de chuvas benfeitoras às colheitas.

Repare na forma e conteúdo do tomate: *design* perfeito, identidade visual absolutamente contemporânea, absolutamente clássica. Pele lisa e fina, à prova d'água, película esticada ao máximo sem, no entanto, ser tão frágil assim. Interface entre exterior e interior, encerra a carne úmida de sucos, inebriados de acidez avinagrada, mas concomitantemente doce. Surpreende. Aparece aqui a característica básica do tomate, a de centrar em si múltiplos aspectos. Contrastes que se ampliam e complementam no sabor e textura. Mas o interior não é só "esta carne macia como os seios e rosa como o púbis".[1]

---

1. Joseph Delteil, em *Choléra*, citado por Jean-Luc Henning em *Dictionnaire littéraire et érotique des fruits et legumes*, Ed. Albin Michel.

Sua pele brilha, aparenta transparência, tudo mostra e tudo esconde; em suma, revela substância densa, mas sutil. Guarda no interior algo como um sistema solar, constelado de grãos e/ou astros. Em seu todo, há contatos e oposições – entre a geléia da carne, os sucos e o crocante dos caroços, entre os ácidos e doces do sabor, entre sua fragilidade (ah, a sensação de se ter, pegar um tomate na palma da mão) e a resistência acesa da sua pele. Consegue ser rústico, resistente e produtivo. Sem nunca perder a elegância.

O tomate é uma fruta, muitas vezes usada como se fosse legume. Em geral, fruta é a parte comestível da planta que contém sementes, enquanto os vegetais, por exemplo, são comidos por suas folhas, raízes ou talos. Nos Estados Unidos, foi-se até a Corte Suprema para se decidir sobre sua identidade. Afinal, o tomate chegou "importado" da Europa, num curioso caso de deslocamento geográfico e genético: saiu do novo continente, foi transplantado para a Europa e depois exportado para os Estados Unidos, sendo que cada deslocamento implicou mudanças em sua estrutura.

Corria o ano de 1893 quando o procurador da mais alta casa judiciária norte-americana pronunciou-se: "Do ponto de vista botânico, é uma fruta. Mas do ponto de vista dos comerciantes e consumidores é um legume que pode ser consumido cru ou cozido". Aliás, alguns anos antes (em 1820), para convencer os norte-americanos de que o tomate era comestível, o coronel Robert Gibbon Johnson instalou-se nas escadarias do Palácio de Justiça de Salem, New Jersey, e ingeriu uma considerável quantidade de tomates. É bem verdade que morreu, mas só uns trinta anos depois. Com isso, convenceu os que ainda temiam e suspeitavam de que, fosse fruta ou legume, o tomate era perfeitamente comestível.

A maior parte do tomate (de 93% a 95%) compõe-se de água, enquanto 1,5% são fibras. Pouco calórico (14 calorias em 100g), é fonte de vitaminas A e C e, quando comido cru, de vitamina E. Contém frutose, ácido fólico, potássio, cálcio, sais minerais e ácidos considerados afugentadores de cancerígenos. Algumas vitaminas se perdem no cozimento. Tomates crus ou grelhados têm a maior concentração de nutrientes. A cor vermelha vem do licopeno, poderoso antioxidante que combate o efeito dos radicais livres, precursores de ataques do coração e câncer. Os cientistas ainda estão testando a substância em pacientes com câncer de boca, mas desde já aconselham as pessoas a incluir o tomate no cardápio diário. A medicina popular usa suas folhas para fazer chá contra cistite e seu suco para atenuar sintomas de artrite e prisão de ventre. Para ajudar na cura de doenças dermatológicas, o tomate deve ser cortado ao meio e aplicado diretamente na pele, também em caso de queimaduras do sol, verrugas, calos, hemorróidas e até no combate à caspa e queda de cabelo.

Os principais produtores mundiais de tomate são, por ordem de volume produzido, a China e os Estados Unidos, seguidos pela União Soviética e Itália. No Brasil, a principal região produtora é a Sudeste, com mais de 60% da produção global, seguida pelo Nordeste, Centro-Oeste e Sul. No Estado do Rio de Janeiro acontece a concorridíssima festa do tomate em Paty d'Alferes, que virou atração turística. Segundo Paulo César Tavares de Melo, engenheiro agrônomo da Embrapa – Empresa Brasileira de Pesquisa Agropecuária –, em 1999 produziram-se no Brasil

3.142.855 toneladas de tomates, enquanto a produção mundial no mesmo ano foi estimada em 90.359.528 toneladas. O tomate é hoje a segunda hortaliça mais cultivada no mundo, só perdendo para a batata.

São tantas as suas espécies que existem bancos de germoplasma, que procuram coletar, descrever, manter e multiplicar a diversidade genética da espécie. Os principais bancos estão nos Estados Unidos, Holanda, Cuba e Rússia. Na França, por curiosidade, o cidadão Louis-Albert de Broglie, no Vale do Loire, criou o Conservatório do Tomate, onde mantém uma das maiores coleções privadas de tomate do mundo, com mais de 450 variedades dos mais diversos tipos.

Pode haver ainda mais, com a ajuda da genética e de outras ciências, para fabricar o produto que o mercado sonha. Tomates longa-vida; tomates para coquetéis, saladas, purês, molhos e sorvetes; tomates orgânicos (sem pesticidas); com sabor intensificado; de forma mais arredondada ou mais comprida, lembrando cereja, pêra ou ameixa; em tonalidades mais douradas, alaranjadas, verdes, vermelhas ou até ligeiramente listradas; com muitas ou poucas sementes, viscosidade média ou alta, carne *al dente* ou mais macia, com melhor resistência ao frio, às pragas e doenças. Já se estuda o encontro genético entre os reinos animal e vegetal.

Para tornar o tomate mais imune ao frio, por exemplo, pesquisa-se a transferência de um gene resistente a baixas temperaturas presente no salmão. Chegaríamos assim ao tomate salmonado.[2] Por hora, no entanto, a busca maior é pelo sabor. Existem tomates lindos, formas impecáveis em várias opções. Mas se o

---

2. Jean-Luc Danneyrolles, *La tomate*, Ed. Actes Sud.

cultivo do tomate hoje permite encontrá-lo em qualquer época do ano – seja fresco, seja enlatado, em purê, concentrado, seco –, a queixa do consumidor é a ausência do cheiro e do gosto do tomate. Nos principais mercados ingleses, há os tomates (mais caros) oferecidos sob o título de *grown for flavour*, isto é, "cultivados para o sabor", numa imagem luxuriante e atraente. De qualquer forma, o tomate aprecia calor e luz direta do sol. No Brasil ele tem isso de sobra, embora sabor não seja o forte do tomate brasileiro. O italiano *San Marzano* é muito apreciado por ter baixa acidez e ser mais doce, como o japonês *Momotaro*, de doçura excepcional.

As flores do tomate são hermafroditas e ele tem sofrido tantos cruzamentos e experiências que cada vez mais apresenta-se sensualmente jovem, definitivamente vermelho e belo. No entanto, corre um risco: sem sabor pungente, não tem alma. Vira tomate desativado. Salva-o sua sociabilidade, isto é, sua capacidade de se dar bem com temperos, ervas, vegetais, massas, carnes e peixes é total. Reina só ou em companhia, tem extensões em outras artes, além da gastronômica.

Serviu de imagem e tema a músicas, crônicas, *happenings*, festas, artes plásticas, filmes: lembra dos "Tomates Verdes Fritos", filme de 1991 estrelado por Jessica Tandy e Kathy Bates? A sopa de tomates foi imortalizada por Andy Warhol, numa instalação contemporânea: "Se pintei quadros com latas de sopa foi porque as consumi durante vinte anos... Pinto os objetos que conheço bem e minha refeição favorita é a sopa de tomate Campbell", explicava o polêmico Warhol. Assim, exposto nos museus, livros, cartazes, publicidades, supermercados e outros templos de consumo, o tomate é um símbolo dos anos recentes.

São infinitas suas possibilidades de receitas. O tomate é hoje, ao lado do pão e do arroz, um dos alimentos mais consumidos no mundo. No entanto, já vimos que nem sempre foi assim. Da mesma família da batata e da berinjela, suas aventuras passaram por muitos níveis. Desde os cheiros de uma plantação e os roubos furtivos das crianças indo chupar os tomates mais adiante, aos preconceitos de que seria planta venenosa. A professora mineira Regina Maria Moraes conta um pouco de sua experiência:

"Quando eu era menina e morava ainda na roça, adorava os tomateiros brotando nos canteiros fofos pelo esterco do curral. Cores lindas, o verde escuro das folhas, a terra negra e o vermelho da fruta. A casa da fazenda ficava em um vale circular, parecia uma cratera de vulcão velhíssimo. O sol se punha cedo. Assim que ele se escondia, minha mãe ia molhar as hortaliças. A água escorria prateada pelas folhas, os frutos ficavam molhados e eu cobiçava mordê-los ali mesmo. Resistia à tentação por medo de ser castigada. Recordo minha mãe encher um pequeno saco de pano de algodão com folhas de tomates e amassá-las com o cabo da faca e depois curar as dores das picadas de abelhas com o sumo que saía das folhas... Engraçado, quantas histórias há por trás de uma fruta."

Outro depoimento, do europeu Giono, em *A serpente de estrelas*:

"Nas manhãs de domingo, toda a cidadezinha preparava sopa de tomates. A fruta cortada ao meio, limpa dos caroços, com um pouco de água, azeite e cebolas rapidamente fritas.

> Por volta das 11 horas, todas as panelas e marmitas entravam em ação e a vila inteira cheirava à sopa de tomates. Era o odor de domingo, dia mais livre, com direito a uma mesa e a uma mulher com toda sua carne e dignidade."

E o que era fruto assassino passou a alimento indispensável, visceral. O tomate ocupou seu espaço de *best-seller* na gastronomia e, se alguém duvida disso, tente decifrá-lo, morda-o cru, saboreie-o num molho, espante-se com a força do tomate seco, sinta suas potencialidades.

Lembre de Guimarães Rosa em *Grande sertão: Veredas*. A narração de algo que passa de maldito, traiçoeiro – "O diabo na rua, no meio do redemoinho" – para transformar-se em elemento fundamental no *ketchup* cultural do mundo – "Nonada. O diabo não há!... Existe é homem humano. Travessia."

Melhor se feita com tomates. Como na melodia "A fine romance", de Jerome Kern, imortalizada por Fred Astaire e Ella Fitzgerald, entre outros:

A fine romance, with no kisses
A fine romance, my friend this is
We should be like a couple of hot tomatoes
But you're as cold as yesterday's mashed potatoes.

O ideal é vivermos e vibrarmos como tomates quentes e não sermos frios como o purê de batatas de ontem. Somos seres humanos e nossas travessias, com altos e baixos, lembram a saga dos tomates. Aproveitemos!

Maio de 2001

REFERÊNCIAS BIBLIOGRÁFICAS

BARREIRA, Roberto – *O tomate* (artigo inédito).

BAREHAM, Lindsey – *The big red book of tomatoes*. Londres: Penguin Books, 2000.

CROCE, Julia Della – *Salse dí pomodoro*. São Francisco: Chronicle Books, 1996.

DANNEYROLES, Jean-Luc – *La tomate*. Arles: Actes Sud, 1999.

HENNING, Jean-Luc – *Dictionnaire littéraire et érotique des fruits et légumes*. Paris: Albin Michel, 1994.

MELO, Paulo Cesar Tavares de – Vários artigos deste engenheiro agrônomo Ph.D., da Embrapa.

NERUDA, Pablo – *Odes elementares*. Publicações Dom Quixote.

ROSA, João Guimarães – *Grande sertão: Veredas*. Rio de Janeiro: José Olympio, 1970.

SMITH, Jeff – *Frugal gourmet*. Rio de Janeiro: Ediouro, 1996.

SPENCER'S, Colin – *Vegetable book*. Londres: Conran Octopus, 1996.

VERGÉ, Roger – *Roger Vergé's vegetables*. Londres: Mitzchell Beazley, 1994.

WHEELER, William – *Lês légumes*. Bergame: Du May, 1996.

Para facilitar a compreensão de termos técnicos, este livro traz um glossário (p. 137). Os termos estão indicados com o sinal (*) nas receitas.

Entradas

Gazpacho

ANTIQUARIUS | São Paulo

50g de alho frito (1 cabeça)
100ml de óleo (10 colheres
de sopa)
2 fatias de pão de forma sem
casca cortadas em cubinhos
e fritas
2 ovos cozidos
320g de tomate sem pele
e sem semente
(4 unidades médias)
2 fatias de pão de forma
embebidas em azeite
50ml de vinagre (5 colheres
de sopa)
sal e pimenta-do-reino a gosto
400ml de água (2 copos)
75g de pepino cortado em cubos
(1 unidade média)

Utensílios necessários:
papel-absorvente, liqüidificador

PREPARO:

1. Fritar os dentes de alho no óleo. Colocar em papel-absorvente.
2. No óleo restante, fritar os cubinhos de pão. Reservar.
3. Bater no liqüidificador o alho e os ovos. Adicionar somente 3 tomates e as fatias de pão embebidas em azeite.
4. Quando tudo estiver bem batido, temperar com o vinagre, o sal e a pimenta e adicionar a água.
5. Na hora de servir, colocar por cima os cubos de pão frito, o pepino cru em cubos e o tomate restante também cortado em cubos.
6. Servir bem frio.

VINHO: Um bom Jerez fará uma parceria atraente com essa combinação de sabores.

Tomates Verdes Envolvidos em Espinafre e sua Geléia

BISTRÔ D'ACAMPORA | Florianópolis

PREPARO:

1. Branquear as folhas de espinafre: colocá-las em água fervente e, em seguida, em água fria para interromper o cozimento. Reservar.
2. Cortar o tomate em rodelas, retirar a pele e fritar no azeite por cerca de 3 minutos. Reservar.
3. Cortar o queijo *brie* em lascas e reservar.
4. Cortar o alho-poró à juliana,* temperar com sal e pimenta, polvilhar com farinha e fritar no restante do azeite. Reservar sobre toalha de papel.

Preparo da geléia:

1. Levar ao fogo o tomate e o açúcar e cozinhar por mais ou menos 10 minutos. Acrescentar o vinagre, o sal e a pimenta a gosto. Corrigir o açúcar e acrescentar o creme de leite. Reservar.

15 folhas grandes de espinafre
160g de tomate verde
(2 unidades grandes)
20ml de azeite extravirgem
(2 colheres de sopa)
100g de queijo *brie*
1/2 alho-poró, só a parte branca
sal e pimenta-do-reino a gosto
50g de farinha de trigo
(1/2 xícara)
8 folhas de alface americana
8 folhas de alface roxa
8 folhas de rúcula

Para a geléia:
160g de tomate maduro, sem
pele (2 unidades grandes)
30g de açúcar (3 colheres
de sopa)
10ml de vinagre de vinho branco
(1 colher de sopa)
sal e pimenta-do-reino a gosto
40ml de nata (creme de leite
fresco) – 4 colheres de sopa

Utensílios necessários:
toalha de papel, aros de metal
de 8cm

Tomate | Aromas e Sabores da Boa Lembrança

Montagem:

1. Forrar os aros de 8cm com as folhas de espinafre, colocar uma camada de tomate, uma de lascas de queijo, uma pequena quantidade de geléia de tomate. Repetir a operação e terminar com uma rodela de tomate.
2. Levar ao forno quente por 5 minutos.
3. Desenformar no prato, servir com folhas temperadas. Decorar com o alho-poró frito e o restante da geléia.

VINHO: Apesar de este prato conter alguns ingredientes de paladar forte, o resultado final é amenizado pela geléia dos tomates; um Merlot do Trentino contribuirá para um melhor resultado.

Conchinhas à Parmegiana de Camarões e Tomates

WANCHAKO | Maceió

PREPARO:

1. Arrumar 3 camarões em cada concha-leque.
2. Em cada concha, colocar 1 colher de sopa rasa de manteiga por cima dos camarões.
3. Por cima da manteiga, polvilhar 1 colher de sopa rasa de queijo parmesão.

Obs.: Sempre arrumando cada concha.

4. Temperar o tomate com 1 pitada de sal, 1 pitada de pimenta-branca e azeite.
5. Colocar o tomate temperado por cima do queijo parmesão, cobrindo toda a superfície de cada uma das conchas.
6. Por último, regar o tomate com 1 colher de pisco e depois salpicar com a páprica picante e a salsa desidratada.
7. Levar ao forno por aproximadamente 5 minutos para gratinar.*
8. Servir as quatro conchas em uma travessa bonita (preferencialmente preta), decoradas com as folhas de alface crespa e os limões.

12 camarões grandes sem casca, sem cabeça e limpos
50g de manteiga (2 colheres de sopa)
40g de queijo parmesão ralado (4 colheres de sopa)
300g de tomate pelado cortado em cubinhos (4 unidades médias)
1 pitada de sal
1 pitada de pimenta-branca moída
40ml de azeite (4 colheres de sopa)
40ml de pisco (cachaça peruana feita de uva) – 4 colheres de sopa
1 pitada de páprica picante
1 pitada de salsa desidratada
folhas de alface crespa e limões para decorar

Utensílios necessários:
4 conchas-leques grandes

VINHO: Prato muito rico em ingredientes de sabores marcantes, o que nos leva a pensar num branco de moderado corpo como um Gewürztraminer.

Salada de Tomate com Sumac e Arak

ARÁBIA | São Paulo

Preparo da pasta de alho:

1. Descascar o alho e colocar no liqüidificador.
2. Juntar um pouco de sal e bater até ficar bem fino.
3. Sem parar de bater, adicionar o azeite aos poucos, até que a mistura fique homogênea e não absorva mais óleo.
4. Parar de bater e misturar o suco de limão.

Preparo da salada:

1. Retirar os olhos dos tomates, cortando de forma cônica até o meio, e preencher os orifícios com *arak*.
2. Deixar por 15 minutos para que o tomate absorva a bebida.
3. Colocar a pasta de alho nos mesmos orifícios, nivelando a superfície.
4. Cortar os tomates em quatro pedaços iguais (gomos).
5. Polvilhar com o *sumac* e temperar com o azeite e sal (se necessário).

Para a pasta de alho:
50g de alho (10 dentes)
sal a gosto
azeite
20ml de suco de limão
(2 colheres de sopa)

Para a salada:
400g de tomate-caqui
(3 unidades grandes)
80ml de *arak* (bebida árabe) –
8 colheres de sopa
15g de *sumac* (tempero árabe
de cor avermelhada) –
2 colheres de sobremesa
azeite
sal a gosto
folhas de hortelã
150g de azeitona preta grande

Utensílio necessário:
liqüidificador

6. Decorar com as folhas de hortelã e as azeitonas.
7. Servir em seguida.

VINHO: O *arak* e o alho predominantes no prato pedem um bom branco. Pode ser um Pouilly-Fumé ainda jovem, com seus aromas defumados.

Tartar de Tomate sobre Leito de Queijo

CHEZ GEORGES | Olinda

PREPARO:

1. Descascar os tomates e retirar as sementes.
2. Cortar os tomates em cubinhos finos (utilizando uma faca bastante amolada para não danificá-los).
3. Colocar os tomates numa tigela e adicionar a cebola, a cebolinha, o alho, a pimenta malagueta, o gengibre e o coentro, picados bem finos.
4. Adicionar o suco de limão, o azeite e o sal. Misturar bem e reservar na geladeira durante 1 hora.
5. Cortar o queijo de coalho em lâminas finas. Recortar em forma triangular.
6. Arrumar as lâminas de queijo no prato, formando a figura de uma estrela. Colocar o *tartar* no centro e decorar com o coentro, as folhas de coentro e as sementes de coentro.

Obs.: O *tartar* de tomate deve ser servido bem gelado e acompanhado por uma baguete fatiada.

320g de tomate de consistência firme (4 unidades médias)
100g de cebola picada (2 unidades médias)
4 cebolinhas picadas
10g de alho picado (2 dentes)
1 pimenta malagueta picada
10g de gengibre picado (1 colher de sopa)
1 haste de coentro picado
suco de 1 limão
30ml de azeite (3 colheres de sopa)
sal a gosto
400g de queijo de coalho fresco
coentro picado, folhas inteiras de coentro e sementes de coentro socadas para decorar

VINHO: O pão como sugestão de acompanhamento ajuda a tornar mais prazerosa a degustação, que poderá ser enriquecida com um branco seco da região de Abruzzo, na Itália, da cepa Trebbiano.

Musse à Amalfitana

GIUSEPPE | Rio de Janeiro

Preparo do camarão:

1. Descascar e lavar bem os camarões com limão.
2. Fazer um refogado com azeite, cebola, alho, sal, pimenta e coentro. Acrescentar a polpa de tomate.
3. Colocar os camarões, tampar a panela e deixar cozinhar por 4 a 5 minutos.

Preparo da musse:

1. Colocar o tomate em água fervente por 1 minuto e depois mergulhar em água fria para soltar a pele.
2. Retirar as sementes dos tomates.
3. Cozinhar os tomates em fogo baixo, mexendo sempre até obter uma consistência de purê.
4. Colocar numa peneira apenas para escorrer o caldo, sem espremer os tomates.
5. Bater o purê de tomate no liqüidificador, acrescentar os ovos inteiros, o manjericão e o sal; bater bem.

Para o camarão:
300g de camarão vm
2 limões
20ml de azeite (2 colheres de sopa)
20g de cebola picadinha (2 colheres de sopa)
10g de alho (2 dentes)
3g de sal (1 colher de café rasa)
1 pitada de pimenta-do-reino
5g de coentro (1 colher de chá)
30g de pura polpa de tomate (3 colheres de sopa)
24 tomates-cerejas e folhinhas de manjericão para decorar

Para a musse:
500g de tomate maduro (7 unidades médias)
2 ovos
12 folhas de manjericão
5g de sal (1 colher de chá)
100g de creme de leite fresco (10 colheres de sopa)

Utensílios necessários:
peneira, liqüidificador, batedor de arame, papel alumínio

6. Despejar o preparo numa tigela e adicionar o creme de leite mexendo com um batedor de arame.

Montagem:
1. Colocar o preparado nas forminhas untadas com azeite e levar ao forno em banho-maria.* Depois de 10 minutos, cobrir com papel-alumínio e deixar por mais 30 minutos. Verificar se está cozido e desenformar no prato em que será servido. Enfeitar em volta com os camarões cozidos, os tomates-cerejas e as folhinhas de manjericão.

VINHO: Os aromas certamente são a glória deste prato. A sugestão é um branco com bom frescor e igualmente aromático. Bianco di Custoza, região do Vêneto na Itália.

Praia do Forte

LA VIA VECCHIA | Brasília

PREPARO:

1. Cortar uma tampa nos tomates-caqui e retirar as sementes. Reservar.
2. Cozinhar as cavaquinhas sem a casca em uma mistura fervente: água, vinho, louro e grãos de pimenta por, no máximo, 5 minutos. Cortar em cubos e reservar.
3. Cozinhar a carne-seca até perder o sal e ficar macia. Desfiar e fritar no óleo bem quente, até ficar crocante. Deixar esfriar e reservar.
4. Descascar e cortar o melão em cubos pequenos. Deixar escorrer por meia hora. Reservar.

Para o vinagrete:

1. Bater o azeite e o vinagre com um batedor de arame até emulsionar,* e juntar os outros temperos misturando bem, inclusive o líquido do melão. Temperar a gosto com sal e pimenta.

320g de tomate-caqui
(3 unidades grandes)
220g de cavaquinhas limpas
500ml de água (2 1/2 copos)
100ml de vinho branco (1 copo)
1 folha de louro
5 grãos de pimenta-do-reino
150g de carne-seca desfiada
e frita
50ml de óleo de milho
(5 colheres de sopa)
150g de melão *orange*

Para o vinagrete de coentro:
50ml de azeite (5 colheres
de sopa)
40ml de vinagre de vinho branco
(4 colheres de sopa)
5g de coentro em pó (1/2 colher
de chá)
1 pitada de cardamomo em pó
gotas de limão
sal e pimenta-do-reino moída
na hora a gosto
10g de coentro picado finamente
(1 colher de sopa)

Utensílios necessários:
escorredor, batedor de arame

Tomate | Aromas e Sabores da Boa Lembrança

2. Para servir, misturar ao vinagrete a cavaquinha e o melão. Rechear os tomates e salpicar a carne-seca por cima.

VINHO: Uma mistura diferente e exótica, que poderá ser enriquecida com um branco seco e de concentração presente, como por exemplo, os da região francesa de Bordeaux.

Ninhos de Tomates à Provençal

LA CASSEROLE | São Paulo

PREPARO:

1. Preaquecer o forno à temperatura de 180°C.
2. Lavar e enxugar os tomates. Cortar longitudinalmente as tampas e, com uma colher pequena, esvaziar os tomates, reservando a polpa.
3. Temperar a parte interna com sal e pimenta. Levar ao forno com as tampas em uma travessa refratária previamente untada com azeite por aproximadamente 10 minutos.

Preparo do molho:

1. Picar a cebola e o alho.
2. Cortar a polpa dos tomates em pequenos cubos.
3. Dourar o alho e a cebola numa frigideira com azeite, acrescentar a polpa, as azeitonas, o zimbro, o tomilho e a sálvia.
4. Temperar com sal e pimenta, deixando por aproximadamente 10 minutos em fogo médio.

360g de tomate bem firme
(4 unidades grandes)
sal e pimenta-do-reino a gosto
azeite para untar

Para o molho:
50g de cebola (1 unidade média)
10g de alho (2 dentes)
30ml de azeite (3 colheres
de sopa)
polpa de tomate
100g de azeitona preta
12 grãos de zimbro
2 hastes de tomilho
8 folhas de sálvia
sal e pimenta-do-reino a gosto
4 ovos

Utensílio necessário:
1 travessa refratária

5. Retirar os tomates do forno e recheá-los até a metade com o molho.
6. Quebrar um ovo dentro de cada tomate e levar novamente ao forno por aproximadamente 15 minutos.
7. Servir quente com o restante do molho.

VINHO: A presença do ovo e das ervas na receita requer um branco com boa estrutura e aromático. Um Chardonnay, californiano.

Tomates Quentes em Leito de Folhas Verdes

ENOTRIA | Rio de Janeiro

PREPARO:

1. Colocar o vinagre balsâmico em uma caçarola preaquecida, acrescentando o mel, a manteiga e os tomates-cerejas.
2. Retirar os tomates-cerejas após estarem cozidos, deixando o molho reduzir* até obter uma consistência espessa. Reservar.
3. Retirar as peles dos tomates-saladas como se descasca uma laranja e enrolá-las, formando botões de rosa. Reservar.
4. Se o molho ficar muito espesso, colocar um pouco de água para afinar.
5. No centro de cada prato, colocar a alface americana picada, rodeando-a com 1 folha de alface crespa, 1 folha de alface roxa e 4 folhas de endívias.
6. Cobrir as endívias com os tomates-cerejas cozidos e regar as folhas restantes com o molho. Aplicar cada flor de tomate-salada no centro de cada prato sobre a alface americana picada.

150ml de vinagre balsâmico (15 colheres de sopa)
40ml de mel de abelha (4 colheres de sopa)
125g de manteiga (5 colheres de sopa)
300g de tomate-cereja (32 unidades)
300g de tomate-salada (1 unidade média por porção)
4 folhas de alface americana picada (1 folha por porção)
4 folhas de alface crespa (1 folha por porção)
4 folhas de alface roxa (1 folha por porção)
16 folhas de endívias (4 folhas por porção)

VINHO: Uma combinação alegre de folhas e balsâmico, que poderá ser enriquecida com um Frascati, ainda jovem.

Torta Três Tomates

OFICINA DO SABOR | Olinda

Preparo da massa:

1. Colocar a farinha em uma bancada de mármore. Fazer uma covinha, acrescentar a manteiga e o ovo e misturar com as pontas dos dedos até formar uma massa homogênea; deixar a massa descansar por 10 minutos.

2. Forrar a fôrma com a massa. Levar ao forno por aproximadamente 10 a 15 minutos. Na hora de assar a massa, encher o miolo da fôrma com grãos de feijão, para evitar que ela cresça eles serão retirados após o cozimento da massa.

Preparo do recheio:

1. Derreter a manteiga em uma panela, juntar o azeite e os tomates pelados. Mexer amassando os tomates comuns cortados em tiras. Mexer e deixar cozinhar bem. Acrescentar o creme de leite. Engrossar com a maisena.

Para a massa:
1/2kg de farinha de trigo (5 xícaras)
150g de manteiga (6 colheres de sopa)
1 ovo inteiro
grãos de feijão

Para o recheio:
50g de manteiga (2 colheres de sopa)
50ml de azeite (5 colheres de sopa)
300g de tomate pelado em conserva
800g de tomate comum sem pele (11 unidades médias)
250ml de creme de leite (1 lata)
30g de maisena dissolvida em água (3 colheres de sopa)
400g de queijo de coalho
1/2 maço de manjericão de folhas largas (1 xícara de chá)
100g de tomate-caqui (1 unidade grande)
200g de queijo *camembert*
200g de tomate-cereja (20 unidades)

Utensílio necessário:
fôrma de fundo removível

2. No final, acrescentar o queijo de coalho cortado em cubos; mexer bem e adicionar o manjericão.
3. Forrar a massa já cozida com o tomate-caqui em rodelas. Em seguida, colocar o recheio. Decorar com fatias de queijo *camembert* e tomates-cerejas. Levar ao forno, até derreter o queijo.

VINHO: Uma combinação de tomates que resulta num prato de boa concentração de sabores. Um Barbera, tinto do Piemonte de meio corpo, tornará a degustação uma agradável experiência.

Geléia de Tomate com Provolone

LA SAGRADA FAMILIA | Niterói

PREPARO:

1. Ferver os tomates, retirar a pele e as sementes.

2. Numa panela grande, dispor os tomates no fundo, formando uma primeira camada. Cobrir com uma fina camada de açúcar e salpicar com 5 cravos. Formar várias camadas iguais e levar para assar em fogo brando, por cerca de 3 horas. A geléia estará pronta quando houver redução substancial da água eliminada pelo tomate, a cor for vermelha clara brilhante e a consistência, a de uma geléia não muito encorpada. Reservar.

3. Na hora de servir, grelhar o *provolone* cortado em fatias de 2cm de altura, na chapa frisada. Grelhar as fatias dos dois lados.

4. Arrumar porções individuais: em cada prato, colocar uma fatia de *provolone* e cobrir com a geléia de tomate bem quente.

1kg de tomate vermelho maduro
(12 unidades médias)
250g de açúcar (1 1/2 xícara)
20g de cravos (15 unidades)
500g de *provolone* fresco
folhas frescas de manjericão
para decorar

Utensílio necessário:
chapa frisada para grelhar

5. Decorar os pratos com folhas de manjericão e o restante dos cravos.

VINHO: A doçura da geléia do tomate, contrabalançada pelo salgado do *provolone*. Para dar harmonia a essa combinação, um branco de doçura sutil, leve e de bons aromas como um Asti, espumante italiano.

Tomates Recheados com Suflê de Camembert

MARCEL | São Paulo

PREPARO:

1. Cortar as tampas dos tomates e retirar o miolo, deixando-os prontos para receber o suflê.

2. Derreter a manteiga em fogo brando, adicionar a farinha, mexendo até dourar. Colocar o leite aos poucos, mexendo sempre até formar um creme. Juntar a noz-moscada e 100g do queijo tipo *camembert*, temperar com sal e pimenta a gosto e continuar mexendo até derreter o queijo, formando uma massa.

3. Bater as claras em neve.

4. Incorporar levemente as claras em neve à massa do suflê.

5. Distribuir o queijo *camembert* restante no fundo de cada tomate e recheá-lo com o suflê.

6. Polvilhar queijo parmesão e levar ao forno preaquecido a 200°C até dourar o suflê.

7. Servir imediatamente.

400g de tomate maduro e firme (4 unidades grandes)
25g de manteiga (1 colher de sopa)
20g de farinha de trigo (2 colheres de sopa)
120ml de leite (1 1/2 copo)
noz-moscada ralada a gosto
150g de queijo tipo *camembert*
sal e pimenta-do-reino moída na hora, a gosto
4 claras de ovos
30g de queijo parmesão ralado (3 colheres de sopa)

VINHO: O *camembert* dá o tom do paladar ao prato. Isso nos leva a pensar num vinho mais maduro para complementar. Essa característica pode ser encontrada num tinto de Pomerol.

Sopa Fria de Tomate com Pudim de Lagostins

RANCHO INN | Rio de Janeiro

Preparo da sopa:

1. Bater tudo muito bem no liqüidificador.
2. Colocar para gelar por 8 horas.

Preparo do pudim:

1. Bater o peixe no processador. Em seguida, acrescentar os lagostins. Colocar o restante dos ingredientes, até formar uma musse. Passar em uma peneira fina.
2. Untar 4 forminhas de 12cm com manteiga, colocar a musse e levar ao forno (200°C) em banho-maria,* cobertas por papel-alumínio, por aproximadamente 20 minutos. Deixar esfriar.
3. Desenformar os pudins em pratos de sopa e colocar a sopa até a metade da altura de cada um deles.
4. Decorar o prato com galhinhos de aneto* e tomate-cereja.

Para a sopa:
240g de tomate sem pele e sem semente (3 unidades médias)
25g de pimentão vermelho sem pele e sem semente (1/2 unidade média)
75g de pepino sem casca e sem semente (1 unidade média)
25g de cebola (1/2 unidade média)
1/2 talo de aipo
5g de alho (1 dente)
pimenta caiena a gosto
sal e pimenta-do-reino branca a gosto
500ml de água (2 1/2 copos)

Para o pudim de lagostins:
150g de peixe branco
400g de lagostins (sem casca)
150ml de creme de leite (15 colheres de sopa)
2 claras de ovos
sal e pimenta-do-reino branca a gosto
manteiga para untar
galhinhos de aneto e tomate-cereja para decorar

Utensílios necessários: liqüidificador, processador de alimentos, peneira fina, 4 forminhas de 12cm, papel-alumínio

VINHO: O *gazpacho* aqui ganhou um aliado, que tornará o gosto do tomate menos presente. Os lagostins darão mais perfume à receita. Podemos fazer uma opção por um branco do Novo Mundo, como um Chardonnay australiano.

Carpaccio Doce Fruto

PAX | Rio de Janeiro

Preparo do *carpaccio*:

1. Limpar o lagarto, de maneira que ele fique sem gordura e sem nervo nenhum. Manter a forma original arredondada da peça. Embrulhá-la em filme de PVC. Levar ao congelador até endurecer por completo. Retirar um pouco antes de servir. Fatiar no cortador de frios. Se não tiver máquina de cortar frios, é recomendável comprar o *carpaccio* pronto.

Preparo:

1. Retirar as peles e as sementes dos tomates. Cortar ao meio e arrumar numa assadeira. Espalhar as lâminas de alho por cima dos tomates, polvilhando-os com tomilho, pimenta-do-reino e sal a gosto. Regar com azeite. Levar ao forno preaquecido a 180°C, até que o alho fique dourado.

400g de lagarto redondo finamente fatiado ou 4 *carpaccios* de carne
320g de tomate (4 unidades médias)
20g de alho (4 dentes)
4 galhos de tomilho fresco
sal e pimenta-do-reino a gosto
50ml de azeite extravirgem (5 colheres de sopa)
1 limão
24 folhas de rúcula
150g de mozarela de búfala (4 bolas cortadas em 8 gomos cada)

Utensílios necessários:
filme de PVC, cortador de frios de 1mm de espessura

2. Forrar o fundo de cada prato com as fatias do *carpaccio*, temperar com sal e gotas de limão. Arrumar as folhas de rúcula no centro. Em volta, dispor os gomos de mozarela de búfala intercalando com os tomates, que deverão estar cortados em quatro partes. Regar com o molho em que foram assados.

VINHO: O *carpaccio* apresentado com nobres acompanhamentos, que lhe conferem mais sabor. Um belo Dolcetto será o companheiro ideal para este prato.

Torta de Tomates e Queijo Branco

MISTURA FINA | Rio de Janeiro

PREPARO:

1. Derreter a manteiga em banho-maria* e reservar.
2. No processador juntar: os biscoitos, o queijo parmesão, a pimenta moída e as raspas de limão. Processar, passar para outro recipiente e juntar a manteiga derretida, misturando bem.
3. Com essa mistura, forrar o fundo de uma fôrma de abrir de 20cm de diâmetro; deixar descansar na geladeira.
4. Numa frigideira, aquecer o azeite, juntar o alho-poró, deixando-o cozinhar por uns 3 minutos, até amolecer. Acrescentar a cebolinha, os tomates e os tomates secos. Deixar cozinhar em fogo médio-alto, por 5 minutos, mexendo de vez em quando. Polvilhar com a farinha, misturar tudo e deixar esfriar.
5. No processador, bater o *cream cheese* por 1 minuto; juntar o creme de leite, os ovos inteiros e a gema e bater por 1 minuto. Acrescentar o preparado de tomates e bater por mais 1 minuto. Com

50g de manteiga (2 colheres de sopa)
60g de *cream crackers* integral (9 biscoitos)
20g de queijo parmesão ralado (2 colheres de sopa)
5g de pimenta-do-reino moída na hora (1/4 de colher de chá)
20g de raspas de casca de limão (1 colher de chá)
25ml de azeite extravirgem (2 1/2 colheres de sopa)
1 alho-poró picado (só a parte branca)
2 talos de cebolinha verde picada
600g de tomate sem pele e sem semente picado (7 unidades grandes)
100g de tomate seco
20g de farinha de trigo (2 colheres de sopa)
300g de queijo tipo *cream cheese*
60ml de creme de leite fresco (6 colheres de sopa)
2 ovos
1 gema
sal e pimenta-do-reino a gosto
folhas de rúcula para decorar

Para o *coulis*:
250g de tomate sem pele
  e sem semente
  (3 unidades médias)
sal e pimenta-do-reino a gosto
gotas de tabasco
25ml de azeite extravirgem
  (2 1/2 colheres de sopa)

Utensílios necessários:
processador de alimentos,
fôrma de abrir com 20cm
de diâmetro, liqüidificador

uma espátula de borracha, raspar bem os lados do processador, temperar com sal e pimenta e bater por mais 30 segundos.

6. Cobrir a massa já preparada com o recheio e assar por 40 a 50 minutos, no máximo, em forno preaquecido (180°C) ou até que as bordas estejam levemente altas e o centro ainda um pouco mole.

7. Retirar do forno, deixar esfriar e levar à geladeira por, no mínimo, 6 horas antes de servir.

Preparo do *coulis*:

1. Juntar os tomates, o sal, a pimenta e o tabasco no liqüidificador, bater e, quando a mistura já estiver homogênea, acrescentar – com o liqüidificador ligado – o azeite, batendo mais um pouco para unir tudo.

2. Desenformar a torta, passá-la para um prato de serviço, decorar com folhas de rúcula e servir à parte o *coulis* de tomates frescos.

VINHO: A combinação de diferentes ingredientes exige atenção. No resultado final, predomina o tomate com sua acidez controlada. Para conviver com esse desafio, um Espumante *brut*, da região da Lombardia.

Mil-Folhas de Tomate e Atum

SPLENDIDO RISTORANTE | Belo Horizonte

PREPARO:

1. Cortar a cebola e a berinjela em rodelas finas do mesmo tamanho.
2. Adicionar o sal e a pimenta e banhar com o azeite aromatizado.
3. Grelhar as verduras e os legumes de ambos os lados e reservar na geladeira.
4. Fatiar o atum finamente, colocar sal, pimenta, untar com azeite e grelhar levemente (passar rapidamente) em uma frigideira, deixando-o cru por dentro. Reservar na geladeira.
5. Cortar os tomates em rodelas finas (iguais às da cebola e da berinjela) e começar a intercalar, dentro do aro, fatias de tomate, cebola, berinjela e as folhas de manjericão, regando com o azeite aromatizado. Continuar com as fatias de atum e repetir a operação mais uma vez, finalizando com a fatia de tomate. Colocar um peso em cima e deixar na geladeira por, pelo menos, 1 hora.

Para o mil-folhas:
420g de cebola (4 unidades grandes)
150g de berinjela (3 unidades médias)
300g de lombo de atum fresco
sal e pimenta-do-reino moída na hora a gosto
500ml de azeite extravirgem aromatizado com alho, tomilho e alecrim
250g de tomate (3 unidades médias)
(procurar usar os legumes em pedaços do mesmo tamanho)
1 maço de manjericão de folhas largas

Para o creme:
12ml de suco de limão (1 colher de sopa)
12ml de molho de soja (1 colher de sopa)
60g de açúcar (6 colheres de sopa)
25ml de molho *nam pla* (molho de peixe tailandês) – 2 1/2 colheres de sopa
10ml de água mineral (1 colher de sopa)

gotas de tabasco
70g de raspas da casca de limão
(7 colheres de sopa)
40g de gengibre triturado em
pasta (4 colheres de sopa)
30g de alho triturado em pasta
(3 colheres de sopa)
200g de queijo de cabra
cremoso fresco

Para o *coulis* de tomate:
20ml de azeite extravirgem
(2 colheres de sopa)
5g de alho triturado (1 dente)
15g de gengibre triturado
(1 1/2 colher de sopa)
180g de tomate sem pele, sem
semente e cortados em
cubos (2 unidades grandes)
80ml de caldo de frango
(1/2 xícara)
sal a gosto

Para o caldo de frango (1 litro):
200g de carcaça de frango
50g de cebola (1 unidade média)
50g de cenoura (1 unidade média)
1 folha de louro
10g de alho (2 dentes)
2 galinhos de salsa
500ml de água (2 1/2 copos)
Cozinhar por 30 minutos em
fogo alto e depois coar.

Utensílios necessários:
coador, *mixer*, liqüidificador,
6 aros de metal ou plástico de
5cm de diâmetro

6. Preparo do creme: misturar bem todos os ingredientes (menos o queijo) e deixar descansar por 24 horas.

7. Coar o molho. Incorporar o queijo e misturar bem. Bater no *mixer* à velocidade média, até obter um molho cremoso (colocar mais queijo ou mais água se necessário).

8. Preparo do *coulis* de tomate: esquentar o azeite, misturar o alho e o gengibre e dourar. Acrescentar o tomate e o caldo de frango, saltear* e deixar cozinhar em fogo brando por 10 minutos.

9. Bater no liqüidificador, passar no coador e corrigir o sal.

10. Tirar os aros de tomate e atum da geladeira e escorrer o excesso de azeite.

11. Colocá-los no meio do prato, retirar os ingredientes do aro e servir com o creme de queijo de cabra e limão e o *coulis* de tomate e gengibre.

VINHO: Variação de ingredientes, com o atum presente no paladar final. Pede um vinho de estrutura mediana, no qual não se destaque o tanino. Um Merlot do Novo Mundo seria uma ótima escolha.

Tomates ao Pesto de Jambu

LÁ EM CASA | Belém

PREPARO:

1. Abrir cada tomate pela parte de cima, retirar todas as sementes, escorrer e reservar.

2. Utilizar somente as folhas e os talos mais tenros do jambu.

3. Em um liqüidificador ou processador de alimentos, fazer o *pesto* usando todo o jambu, as castanhas (reservando duas) e o azeite. Quando a mistura estiver bem homogênea, juntar, fora do liqüidificador, 80g do queijo parmesão.

4. Rechear os tomates com o *pesto*. Ralar o parmesão e as castanhas restantes e colocá-los por cima dos tomates.

5. Em um tabuleiro untado com azeite, levar os tomates recheados para assar em forno médio (220°C), por aproximadamente 5 minutos. Depois de assados, gratinar.*

6. Em pratinhos individuais e sobre uma cama de folhas com três cores, servir o tomate com um fio de azeite.

640g de tomate (4 unidades de 160g cada)
1 maço de jambu (folha típica do Pará, muito usada no "Pato com Tucupi")
120g de castanha-do-pará
100ml de azeite (10 colheres de sopa)
100g de queijo parmesão (10 colheres de sopa)
sal a gosto
folhas para decorar (alface americana, roxa, crespa etc.)

Utensílio necessário:
liqüidificador ou processador de alimentos

VINHO: A receita com jambu revela muita estrutura em seu sabor final. Um Cabernet Sauvignon da África do Sul enriquecerá essa combinação de ingredientes.

Massas & Risotos

Tagliatelle Verde com Pequenos Frutos do Mar e Creme Frio de Tomates

ARLECCHINO | Rio de Janeiro

640g de tomate maduro
(8 unidades médias)
100ml de azeite extravirgem
(10 colheres)
sal e pimenta-do-reino a gosto
5g de alho (1 dente)
150g de vôngole sem casca
100g de ostras sem casca
100ml de caldo de peixe
reduzido (1/2 copo)
160g de *tagliatelle* verde ao ovo

Para o *pesto*:
20 folhas largas de manjericão
(não lavar as folhas, limpá-las
com miolo de pão úmido)
5g de alho socado (1 dente)
20ml de azeite extravirgem
(2 colheres de sopa)
10g de queijo parmesão tipo
reggiano ralado (1 colher
de sopa)
10g de queijo *pecorino* ralado
(1 colher de sopa)
15g de *pinoli*

PREPARO:

1. Cortar os tomates em quatro, retirar as sementes, passar no liqüidificador e depois na peneira. Emulsionar* com a metade do azeite, sal e pimenta e reservar na geladeira.

2. Lavar com cuidado os frutos do mar e salteá-los* em uma frigideira com o restante do azeite e o alho amassado. Juntar o caldo de peixe.

3. Cozinhar a massa *al dente* em bastante água salgada, escorrer e misturar aos frutos do mar. Reservar um pouco da água do cozimento da massa para agregar ao molho *pesto*, para afiná-lo.

Preparo do *pesto*:

1. Com um *mixer* ou batedor, juntar as folhas de manjericão, o alho previamente socado e 1 colher de azeite. Mexer bem devagar, para picar as folhas sem esquentar o azeite. Adicionar, aos poucos, os queijos, os *pinoli* e ir

acrescentando o azeite, batendo de maneira que a mistura fique cremosa e homogênea. Reservar o restante do *pesto* para outros fins.

Utensílios necessários: liqüidificador, peneira, escorredor, *mixer* ou batedor de arame

Montagem:
1. Colocar o creme de tomate nos pratos, com a massa no centro. Decorar em volta com o *pesto* diluído e servir regando com um fio de azeite.

VINHO: Uma bela combinação de aromas e sabores do mar. Como parceiro, nada melhor do que um belo e jovial Chablis.

Fettuccine com Tomates Secos e Ricota

DOM GIUSEPPE | Belém

320g de *fettuccine* de grão duro
3 litros de água
30g de sal para cozinhar
    a massa
40g de alho (8 dentes)
200g de tomate seco temperado
200g de ricota
sal e pimenta-do-reino a gosto
150ml de azeite extravirgem
      (15 colheres de sopa)
400ml de vinho branco seco
      (2 copos)
40 folhas de rúcula

PREPARO:

1. Cozinhar o *fettuccine* em água fervente com sal durante o tempo necessário para ficar *al dente*.

2. Enquanto a massa cozinha, picar o alho bem fino, os tomates secos em tiras; temperar a ricota com sal e pimenta a gosto.

3. Refogar o alho no azeite até dourar e acrescentar os tomates secos. Hidratar* com o vinho e, em seguida, adicionar o *fettuccine* cozido e misturar.

4. Servir em pratos individuais, polvilhando cerca de 100g de ricota temperada em cada prato. Decorar fartamente com as folhas de rúcula.

VINHO: Um Nebbiolo, vinho do Piemonte de médio corpo, formará, juntamente com o tomate seco, a ricota e a rúcula, um belo conjunto.

Risoto de Tomate, Perdiz e Manga

IL TRAMEZZINO DI PAOLO | Novo Hamburgo

PREPARO:

1. Desossar* os peitos de perdiz. Reservar a carne e os ossos para fazer o caldo.
2. Preparar o caldo de perdiz com os ossos em 1 1/2 litro de água. Deixar ferver.
3. Fritar levemente os peitos de perdiz desossados na manteiga, juntamente com o alho e o alecrim.
4. Em uma panela, dourar a cebola, previamente picada, no restante da manteiga. Adicionar o arroz e refogar levemente. Acrescentar os tomates sem pele e cortados em cubinhos. Adicionar o vinho e, aos poucos, o caldo de perdiz (sem os ossos). Deixar cozinhar por 10 minutos e colocar os peitos de perdiz desfiados. Após refogar por mais 10 minutos, à medida que o risoto for perdendo a água, adicionar o caldo. Antes de retirar do fogo, acrescentar a metade da manga em cubinhos e o tempero verde. Temperar com sal e pimenta a gosto.
5. Decorar o prato com o restante da manga e o queijo parmesão.

8 peitos de perdiz
1 1/2 litro de água para o caldo
50g de manteiga (2 colheres de sopa)
10g de alho (2 dentes)
1 galho de alecrim fresco
50g de cebola (1 unidade média)
320g de arroz *arborio* (3 xícaras)
800g de tomate (10 unidades médias)
100ml de vinho tinto (1/2 copo)
350g de manga (1 unidade grande)
tempero verde, sal e pimenta-do-reino a gosto
50g de queijo parmesão ralado (5 colheres de sopa)

VINHO: A presença da manga na confecção do risoto, e depois como parte da decoração, dará ao prato o sabor marcante da doçura da fruta. Essa combinação dos ingredientes pede um tinto de bons aromas, mas que não seja dominante: um Pinot Noir da Nova Zelândia, ainda jovem.

Penne ao Tomate Seco e Porcini

GALANI | Rio de Janeiro

PREPARO:

1. Colocar os cogumelos de molho em 300ml de água por cerca de 20 minutos. Depois, escorrer bem a água, reservando uma parte dela.
2. Cozinhar a massa até atingir o ponto *al dente*.
3. Esquentar a manteiga em uma frigideira e dourar a cebola. Acrescentar o cogumelo com um pouco da água em que ele estava de molho. Em seguida, adicionar o creme de leite. Temperar com sal e pimenta. Por último, acrescentar o *penne*, os tomates secos e o queijo já ralado.
4. Decorar com salsa picada e servir imediatamente, bem quente.

100g de cogumelo *porcini*
300ml de água para hidratar os cogumelos (1 1/2 copo)
320g de *penne*
3 litros de água para cozinhar o *penne*
80g de manteiga (3 colheres de sopa)
50g de cebola (1 unidade média)
350g de creme de leite fresco
sal e pimenta-do-reino moída a gosto
100g de tomate seco
120g de queijo parmesão ralado (12 colheres de sopa)
40g de salsa (1/2 maço)

Utensílios necessários:
escorredor, frigideira

VINHO: A presença do creme de leite nos permite indicar um tinto. Um Chianti Classico Riserva estará em harmonia.

Tomates-Maçãs Recheados de Arroz

DONA DERNA | Belo Horizonte

320g de tomate-maçã grande, maduro e firme
(4 unidades)
sal e pimenta-do-reino a gosto
80ml de azeite extravirgem
(8 colheres de sopa)
10 folhas de manjericão
20g de salsa (1/4 de maço)
150g de arroz *arborio*
(1 1/2 xícara)

Utensílios necessários:
liqüidificador, papel-alumínio, assadeira

PREPARO:

1. Retirar a tampa superior dos tomates e remover a polpa.
2. Temperar o interior dos tomates com um pouco de sal e colocá-los de cabeça para baixo em uma grade, deixando escorrer a água. Reservar.
3. Bater a polpa de tomate no liqüidificador junto com o restante dos ingredientes, menos o arroz. Corrigir o tempero, colocar 1 1/2 colher de arroz em cada tomate, encher com o líquido obtido no liqüidificador e misturar.
4. Recolocar a tampa no lugar, envolta em papel-alumínio, para não queimar quando os tomates forem ao forno.
5. Depositar o restante do líquido em uma assadeira, colocar por cima os 4 tomates e levar ao forno médio preaquecido por 30 a 45 minutos, até ficarem cozidos.

VINHO: Um delicado prato, de paladar equilibrado pela presença do arroz. Para não deixar escapar essa delicadeza, um Merlot chileno. Aromas alegres e corpo delicado.

Nhoques Recheados com Geléia de Tomates

VECCHIO SOGNO | Belo Horizonte

PREPARO:

1. Assar a batata com casca, descascar e passar na peneira.
2. Acrescentar a farinha, o ovo, 40g de parmesão ralado, a salsa e temperar com sal, pimenta e noz-moscada.
3. Temperar o tomate com sal e pimenta.
4. Forrar um tabuleiro com o tomate, cobrir com azeite e levar ao forno por 2 horas a 70°C.
5. Escorrer bem os tomates e cortá-los em cubos.
6. Em uma frigideira, refogar no azeite o alho, a cebola e os tomates. Acrescentar o manjericão e o restante do parmesão, ralado na hora.
7. Abrir a massa de nhoque com um rolo e rechear com o preparado de tomate. Cortar em forma de meia-lua.
8. Cozinhar em água quente com sal por 3 ou 4 minutos
9. Colocar o molho de tomate no fundo do prato e cobrir o nhoque.

600g de batata
(6 unidades médias)
250g de farinha de trigo
(2 1/2 xícaras)
1 ovo
90g de queijo parmesão
(9 colheres de sopa)
3 galhos de salsa
sal, pimenta-do-reino e
noz-moscada a gosto
600g de tomate sem pele
e sem semente
(8 unidades médias)
500ml de azeite extravirgem
(2 1/2 copos)
25g de alho (5 dentes)
30g de cebola picada
(1 unidade pequena)
5 galhos de manjericão
picado a gosto
150ml de molho de tomate com
manjericão (1 1/2 copo)
80g de *pancetta* (toucinho
italiano não defumado)
em cubos frita
2 ramos de manjericão de
folhas largas para decorar

Utensílios necessários:
peneira, escorredor, rolo de
abrir massa

10. Cortar o parmesão em lâminas e jogar por cima e gratinar.*
11. Na hora de servir, colocar por cima a *pancetta* frita e decorar com folhas de manjericão.

VINHO: O paladar do nhoque e dos tomates está em perfeita harmonia. Um Cabernet Sauvignon, da região italiana da Lombardia, complementará muito bem o prato, pois tem bom corpo e é rico em aromas.

Tagliolini com Tomates e Lagostins

VINHERIA PERCUSSI | São Paulo

PREPARO:

1. Escaldar os lagostins por alguns minutos em uma panela com bastante água fervente.
2. Escorrer e cortar em pedaços menores e reservar.
3. Picar a cebola e o talo de salsão.
4. Em uma panela média, colocar o azeite, em fogo baixo e cozinhar o salsão e a cebola, até ficarem macios e translúcidos.
5. Nesse meio tempo, retirar os lagostins da casca e misturar com o salsão e a cebola, na panela.
6. Flambar* os lagostins com o conhaque e, em seguida, juntar os tomates picados e deixá-los cozinhar em fogo baixo por mais alguns minutos até secar a água do molho. Corrigir o sal e acrescentar a cebolinha picada e a salsa.
7. Cozinhar a massa em bastante água fervente com sal e escorrer quando estiver *al dente*. Colocar a massa na panela com o molho, aquecer e servir imediatamente.

500g de lagostins (10 unidades)
80g de cebola
    (1 unidade grande)
1 talo de salsão
80ml de azeite (8 colheres
    de sopa)
50ml de conhaque (5 colheres
    de sopa)
1kg de tomate sem pele
    e sem semente
    (14 unidades médias)
salsa, cebolinha verde
    e sal a gosto
240g de *tagliolini* fresco

Utensílio necessário:
escorredor

VINHO: Para deixar essa combinação mais rica de aromas e realçar seus sabores, um sutil Sauvignon Blanc da Nova Zelândia.

Creme de Tomate com Garganelli e Molho de Anchovas e Pimentões

FAMIGLIA CALICETI-BOLOGNA | Curitiba

Preparo do creme:

1. Deixar os tomates por alguns minutos em água fervente, escorrer a água e cortar. Dividi-los ao meio, tirar as sementes e cortá-los em cubinhos de tamanho médio.

2. Em uma caçarola, derreter a manteiga, colocar o dente de alho e os tomates. Deixar os tomates pegarem sabor por alguns minutos, corrigir o sal e a pimenta. Adicionar o vinho e deixar cozinhar por 5 minutos. Desligar, aromatizar com o manjericão fresco, retirar o dente de alho e passar no processador de alimentos até obter o creme.

Preparo do molho:

1. Lavar os pimentões e assá-los no forno bem quente, virando várias vezes até que a casquinha comece a levantar. Fechá-los em um saquinho de papel e deixá-los quase resfriar em temperatura ambiente. Depois de descascá-los,

Para o creme:
400g de tomate maduro tipo *San Marzano* (4 unidades grandes)
30g de manteiga (1 colher de sopa bem cheia)
5g de alho (1 dente)
sal e pimenta-do-reino a gosto
50ml de vinho branco seco (5 colheres de sopa)
1 maço de manjericão

Para o molho:
50g de pimentão vermelho (1 unidade)
50g de pimentão amarelo (1 unidade)
150g de creme de leite
20g de alho (4 dentes)
sal e pimenta-do-reino a gosto
50ml azeite (5 colheres de sopa)
100g de filé de anchova em azeite
1 pitada de orégano de oliva (6 unidades)
1 pitada de salsa picada

350g de *garganelli*
queijo parmesão

Utensílios necessários:
escorredor, 2 caçarolas,
processador de alimentos

cortar em cubinhos. Levar ao fogo o creme de leite e o alho até à fervura. Baixar o fogo, ferver por dois minutos até engrossar. Retirar o alho, corrigir o sal e a pimenta. Em outra caçarola, aquecer o azeite, acrescentar os filés de anchova e amassá-los com um garfo. Levá-los ao fogo no alho, juntar os pimentões, aromatizar com orégano, sal a gosto, salsa e cozinhar por quatro minutos.

2. Cozinhar a massa em bastante água com sal, deixando-a *al dente*. Escorrer e depois despejar o molho de creme, mexendo bem. Em seguida, levá-la à caçarola dos pimentões.

3. Montar o prato, formando um círculo com o creme de tomate, como se fosse uma coroa, colocando a massa no centro. Servir com parmesão.

VINHO: Um prato de intensos sabores e aromas que requer um tinto de aromas persistentes e características marcantes na boca: um Cabernet Sauvignon australiano de boa evolução.

Risoto em Branco com Caudas de Lagostas e Tomates

LA VECCHIA CUCINA | São Paulo

PREPARO:

1. Caldo: levar todos os ingredientes ao fogo alto até ferver. Cozinhar por 1 hora em fogo baixo, retirando a espuma que vai se formando. Passar tudo no coador. Reservar.

2. Numa panela, colocar 2 colheres de sopa de manteiga, a cebola e o alho picado. Refogar por 1 minuto, juntar o arroz e refogar por mais 1 minuto. Acrescentar o vinho e deixar secar.

3. Em seguida, ir despejando o caldo de peixe, para iniciar o cozimento, mexendo sempre.

4. À parte, cortar em pedaços e refogar as lagostas e o alho amassado em 1 colher de sopa de manteiga. Acrescentar o conhaque e deixar flambar.*

5. Após reduzir,* corrigir o sal e a pimenta.

6. Após 15 minutos de cozimento do arroz, juntar as lagostas já refogadas e continuar mexendo (manter o cozimento por mais uns 8 minutos).

Para o caldo de peixe:
1 carcaça de 1,5kg de peixe de água salgada (cabeça e espinhas)
40g de cebola branca (1 unidade média)
40g de cebola roxa (opcional)
10g de alho (2 dentes)
1 *bouquet garni** (cheiro-verde, manjericão, cebolinha, 2 folhas de louro, endro-dill e estragão)
2 talos de salsão
1 talo de alho-poró
40g de cenoura (1 unidade média)
3 litros de água
80g de tomate (1 unidade média)
200ml de vinho branco seco (1 copo)
15 a 20 grãos de pimenta-do-reino
6 grãos de cardamono
6 grãos de zimbro
20g de sal grosso (2 colheres de sopa)

200g de manteiga (8 colheres de sopa)
80g de cebola ralada (1 unidade grande)

5g de alho picado (1 dente)
400g de arroz *arborio* (4 xícaras)
150ml de vinho branco seco
(1 1/2 copo)
14 caudas de lagosta
5g de alho amassado (1 dente)
50ml de conhaque (5 colheres
de sopa)
sal e pimenta-do-reino a gosto
10g de queijo parmesão ralado
(1 colher de sopa)
ervas (manjericão, cerefólio,
sálvia, manjerona, cheiro-
verde, coentro, alecrim,
orégano fresco, endro-dill)
20ml de azeite (2 colheres de
sopa) para fritar as ervas

Para o concentrado de tomate:
3kg de tomate bem maduro
50g de cebola (1 unidade média)
50g de cenoura
(1 unidade média)
4 talos de salsão
sal a gosto
20g de açúcar (2 colheres
de sopa)

Utensílios necessários:
coador, papel absorvente,
liqüidificador, peneira

7. Quando o arroz estiver *al dente*, acrescentar 2 colheres de sopa de manteiga e o queijo parmesão.

8. Juntar quantidades suficientes de cada erva (sem picar) e fritar em azeite, até ficarem crocantes. Retirar e colocar no papel absorvente. Reservar.

9. Concentrado do tomate: em uma panela grande, colocar os tomates com casca, cortados em 4 pedaços, a cebola, a cenoura e o salsão picados grosseiramente. Levar ao fogo baixo e deixar cozinhar por 1 hora. Na metade do tempo, corrigir o sal e, se necessário, adicionar um pouco de açúcar para diminuir a acidez. Retirar do fogo e bater tudo no liqüidificador até formar um molho homogêneo. Passar na peneira fina e levar novamente ao fogo, cozinhando por mais 20 a 30 minutos, até obter uma consistência densa.

10. Colocar 1 concha de molho no fundo do prato. Arrumar o risoto e as ervas por cima.

VINHO: A combinação dos ingredientes, aliada aos sabores das ervas, finaliza com muitos aromas e paladar marcante. Um branco potente, concentrado e rico em aromas, como um Chardonnay barricado da Toscana, será o ideal.

Nhoque Mediterrâneo

PORTUGALLIA | Belo Horizonte

Preparo da massa:

1. Misturar as batatas cozidas e espremidas com o tomate em conserva sem o líquido e acrescentar a farinha aos poucos até obter uma massa firme.

2. Enrolar a massa e cortar os nhoques com mais ou menos 1,5cm.

3. Cozinhar em uma panela grande com bastante água fervente, até que subam à superfície.

Preparo do molho:

1. Refogar o alho no azeite e, antes que fique dourado, acrescentar o tomate pelado em conserva picado, o manjericão e a noz-moscada. Deixar cozinhar por aproximadamente 15 minutos, mexendo de vez em quando. Corrigir o sal e a pimenta.

2. Cortar a mozarela de búfala em pedaços pequenos. Misturar rapidamente ao molho. Polvilhar o parmesão ralado e o manjericão picado e servir imediatamente.

Para a massa:
500g de batata
(5 unidades médias)
250g de tomate pelado
em conserva (1 lata)
150g de farinha de trigo
(1 1/2 xícara)

Para o molho:
15g de alho cortado em fatias
finas (3 dentes)
20ml de azeite (2 colheres
de sopa)
500g de tomate pelado em
conserva (2 latas)
40g de manjericão (2 colheres
de sopa)
1 pitada de noz-moscada
sal e pimenta-do-reino a gosto
300g de mozarela de búfala
queijo parmesão a gosto
manjericão picado para decorar

Utensílio necessário:
espremedor de batatas

VINHO: O sabor do tomate aqui suavizado pela mozarela de búfala resulta num atraente e equilibrado paladar. Um bom Pinot Noir da região da Borgonha será o tinto ideal.

Risoto de Galinha-d'Angola ao Trio de Tomates

LA GONDOLA | Teresina

PREPARO:

1. Em uma frigideira, aquecer a manteiga e adicionar o alho e a salsa. Juntar o peito da galinha-d'angola em cubos, o sal e a pimenta.

2. Cozinhar por alguns minutos até o peito de galinha ficar bem consistente. Reservar.

3. Numa panela à parte, misturar o suco de tomate com o caldo de frango, mantendo o preparado aquecido em fogo baixo.

4. Numa caçarola funda, juntar o azeite, a cebola e o alho e deixar dourar por alguns minutos.

5. Acrescentar o arroz, deixando-o fritar e mexendo sempre com uma colher de pau.

6. Em seguida, adicionar o vinho e mexer até quase evaporar. Baixar o fogo e começar a acrescentar o caldo de frango em ponto de fervura (já misturado ao suco de tomate) ao arroz até cobri-lo. À medida que for secando, continuar acrescentando o caldo de frango, mexendo sempre.

7. Na metade do cozimento, acrescentar os cubos da galinha-d'angola e os toma-

75g de manteiga (3 colheres de sopa)
10g de alho esmagado (2 dentes)
30g de salsa picada
400g de peito de galinha-d'angola cortado em cubos
sal e pimenta preta moída na hora
400ml de suco de tomate peneirado
750ml de caldo de frango (4 1/2 copos)
30ml de azeite extravirgem (3 colheres de sopa)
50g de cebola picada em pedaços pequenos (1 unidade média)
alho a gosto
300g de arroz *arborio* (3 xícaras)
200ml de vinho branco (1 copo)
100g de tomate seco picado (3 colheres de sopa)
16 tomates-cerejas sem pele e sem semente partidos ao meio
80g de queijo parmesão ralado na hora (8 colheres de sopa)
ramos de manjericão fresco para decorar

Utensílios necessários:
frigideira, peneira,
1 caçarola funda

tes secos. Deglaçar* a frigideira na qual a galinha foi dourada com um pouco do caldo e acrescentar ao risoto. Se necessário, corrigir o sal e a pimenta preta.

8. O risoto estará pronto quando o arroz estiver *al dente*. Neste ponto, desligar o fogo e acrescentar os tomates-cerejas fatiados, o parmesão e misturar muito delicadamente.

9. Arrumar em pratos fundos, de preferência aquecidos, e decorar com ramos do manjericão. Servir imediatamente.

Obs.: Quando o arroz estiver *al dente*, parar de adicionar o caldo para que não fique empapado. O correto é que ele fique cremoso.

VINHO: Um Brunello di Montalcino formará um bom conjunto. Personalidade marcante no prato e no vinho.

Quiche de Tomate e Shiitake

VARIG NO MUNDO

Preparo da massa:

1. Aquecer o leite junto com o azeite.
2. Colocar num recipiente a farinha, o fermento e o sal.
3. Adicionar aos poucos o líquido até formar uma massa homogênea.
4. Deixar repousar por meia hora e abrir em forminhas individuais para *quiche*.

Preparo do recheio:

1. Marinar* os tomates com as ervas aromáticas e o azeite por 1 hora.
2. Refogar o *shiitake* cortado em tirinhas com a manteiga, as anchovas e as alcaparras.
3. Misturar o queijo com o creme de leite, o ovo e o sal.
4. Juntar a mistura do queijo com o *shiitake*.
5. Encher as forminhas com o recheio acima e arrumar um leque de tomates marinados por cima.
6. Assar em forno preaquecido a 180°C por 25 minutos.

Para a massa:
50ml de leite (5 colheres de sopa)
50ml de azeite (5 colheres de sopa)
140g de farinha de trigo (1 xícara)
4g de fermento em pó (1 colher de café)
1 pitada de sal

Para o recheio:
360g de tomate sem pele, cortado em 8 tiras, sem a polpa (4 unidades grandes)
2 folhas de sálvia
2 galhos de alecrim
2 galhos de tomilho
10ml de azeite (1 colher de sopa)
30g de cogumelos *shiitake*
25g de manteiga (1 colher de sopa)
50g de anchovas italianas (2 filezinhos)
5g de alcaparras
80g de queijo fundido, tipo *gruyère*, ralado no ralador grosso (8 colheres de sopa)

**60g de creme de leite
(6 colheres de sopa)
1 ovo
4g de sal (1 colher de café)**

**Utensílios necessários:
forminhas nº 8**

VINHO: Dos céus diretamente para a Alsácia, uma boa combinação de aromas no prato aliada à riqueza de um Pinot Gris ainda jovem.

Peixes & Crustáceos

Tartar de Tomate, Camarão e Lagostins

CANTALOUP | São Paulo

400g de tomate
  (5 unidades médias)
2 camarões grandes descascados
60g de lagostins
30ml de azeite (3 colheres de sopa)
sal e pimenta-do-reino a gosto
20ml de vinagre de vinho Barolo ou tinto forte (2 colheres de sopa)
20g de cebolinha francesa (2 colheres de sopa)

PREPARO:
1. Retirar a pele e as sementes dos tomates.
2. Picá-los finamente e deixar escorrer o excesso de água. Reservar.
3. Temperar os camarões e os lagostins com azeite, sal e pimenta e salteá-los.*
4. Na mesma frigideira, deglaçar* o vinagre, o azeite e a cebolinha.
5. Servir em cima do *tartar*.*

VINHO: Um trio, camarões, lagostins e *tartar* de tomates. Um bom toque de frescor fará bem a essa parceria, e pode ser encontrado num espumante do Alentejo.

Sonho de Tomate e seu Chutney com Frutos do Mar

GUIMAS I Rio de Janeiro

PREPARO:

O tomate é frito envolto em massa especial, recheado com *chutney* de tomate e frutos do mar grelhados e temperados com açafrão. É servido com vinagrete de azeite virgem, azeitonas e ervas com um leve sabor de gergelim. É muito importante seguir as etapas na seguinte seqüência:

1. Massa do sonho: misturar todos os ingredientes líquidos numa vasilha e ir acrescentando os sólidos depois, até que a massa fique fina, como a de um crepe. Deixar a massa descansar durante 2 horas na geladeira.

2. *Chutney*: numa panela, refogar a cebola com alho e um toque de azeite. Quando a cebola ficar translúcida, acrescentar os outros ingredientes, cozinhar durante 20 minutos e reservar. Se o *chutney* estiver muito doce, colocar mais vinagre; se estiver muito ácido, deixar cozinhar mais.

Para o sonho:
75ml de água (8 colheres de sopa)
75ml de cerveja (8 colheres de sopa)
2 gemas
15g de fermento em pó (1 colher de sopa)
100g de maisena (10 colheres de sopa)
100g de farinha de trigo (1 xícara)

Para o *chutney*:
150g de cebola calabresa picadinha (3 unidades médias)
5g de alho picado (1 dente)
azeite
20g de *curry*
40ml de vinagre branco (4 colheres de sopa)
250g de açúcar mascavo (2 xícaras)
10g de gengibre ralado (1 colher de sopa)

750g de tomate em cubinhos com pele e sem semente (18 unidades grandes)

Para a marinada:
50ml de azeite extravirgem
(5 colheres de sopa)
10ml de azeite de gergelim
(1 colher de sopa)
45g de azeitona preta grande
tipo Zappa
1 maço de *ciboulette*
1 maço de aneto*
40g de coentro fresco
(1/2 maço)
200g de lula limpa e cortada
em anéis
120g de camarão pequeno limpo
16 camarões vg limpos
sal e pimenta-do-reino a gosto
3g de açafrão (1/2 colher
de café)
400g de tomate
(6 unidades médias)
óleo vegetal para fritar

Utensílio necessário:
frigideira antiaderente

3. Marinada: misturar o azeite extravirgem, o azeite de gergelim, as azeitonas em rodelinhas e as ervas finas picadas. Deixar as lulas e os camarões temperados com sal, pimenta e açafrão marinando* no azeite durante 5 minutos.

4. Cortar a tampa do tomate, tirar as sementes, temperar com sal e pimenta, passar na massa de sonho e fritar o tomate e a tampa. Para fritar o tomate e a tampa sem desmanchá-los, atravessar o tomate com um palito de churrasco, passar na massa e fritar dentro do óleo vegetal bem quente.

5. Tirar os frutos do mar da marinada e grelhá-los numa frigideira não aderente aquecida.

6. Arrumar o tomate frito e recheado com o *chutney* bem quente no centro do prato, e cercá-lo com os frutos do mar. Regar com a marinada que sobrou.

VINHO: Além da doçura natural dos camarões ainda temos a do açúcar mascavo. Para contrapor, um Champagne Brut Non Vintage.

Peixe à Neroni

MARGUTTA | Rio de Janeiro

PREPARO:

1. Após limpar o peixe, fazer um corte superficial na direção vertical, da cabeça para o rabo.

2. Em seguida, colocar o peixe no tabuleiro, salpicar o orégano e o sal. Dispor as batatas em volta do peixe e os tomates em cima e em volta do peixe. Cobri-lo com o vinho, a água, a pimenta, o alho e a azeitona. Levar ao forno em temperatura alta por 20 a 30 minutos, verificando o ponto (quando a carne começa a se soltar da espinha).

3. Durante o tempo do cozimento, regar o peixe com o caldo de vez em quando.

4. Para servir: abrir o peixe, tirar as espinhas, colocar os tomates em cima e em volta do peixe e as batatas como acompanhamento. Regar com o azeite e enfeitar com a salsa e os ramos de alecrim.

1 pargo de 1 1/2 kg ou peixe de carne branca (badejo, garoupa, cherne etc.)
1 pitada de orégano
sal a gosto
500g de batata (5 unidades médias)
640g de tomate pelado cortado em 6 fatias (8 unidades médias)
50ml de vinho branco (5 colheres de sopa)
150ml de água (3/4 de copo)
1 pitada de pimenta-do-reino
20g de alho amassado (4 dentes)
50g de azeitona verde com caroço (8 unidades)
40ml de azeite (4 colheres de sopa)
salsa e ramos de alecrim para decorar

VINHO: Uma receita suculenta e saborosa nos convida a um branco de moderado corpo, bom frescor e alegre nos aromas, como um Sauvignon Blanc Collio.

Camarões com Brotos de Feijão em Molho de Tomate

BEIJUPIRÁ | Porto de Galinhas

300g de tomate maduro
(4 unidades médias)
30g de alho (6 dentes)
50g de cebola ralada
(1 unidade média)
25g de manteiga (1 colher de sopa)
50ml de azeite (5 colheres de sopa)
10g de açúcar (1 colher de sopa)
sal a gosto
6 talos de salsão
50ml de vinho do Porto
(5 colheres de sopa)
180g de camarão
1/2 limão
pimenta-do-reino a gosto
180g de broto de feijão

Utensílio necessário:
liqüidificador

PREPARO:

1. Passar os tomates sem casca no liqüidificador.
2. Colocar em uma panela com o alho amassado, a cebola, a manteiga e o azeite.
3. Deixar no fogo médio por 3 minutos.
4. Acrescentar o açúcar, o sal e o salsão, tendo o cuidado de secá-lo antes para retirar a água. Refogar.
5. Em seguida, retirar o salsão e acrescentar o vinho.
6. Após 25 minutos de cozimento, colocar o camarão temperado com limão e pimenta e deixar 2 minutos.
7. Ao final do cozimento do camarão, acrescentar o broto de feijão, desligar o fogo e retirá-lo após 1 minuto.
8. Servir em prato fundo.

VINHO: A composição final do prato é de grande estrutura. Para acompanhar essas variações de sabores, um branco de bom corpo como um Pouilly-Fuissé ficará bem.

Bacalhau à Biscaina

ANTIQUARIUS I Rio de Janeiro

PREPARO:

1. Cozinhar o bacalhau. Tirar a pele e as espinhas e cortar em lascas grandes.
2. Cozinhar as batatas e cortar em rodelas grossas.
3. Aquecer a frigideira em fogo alto com manteiga e azeite; quando estiver bem quente, colocar o bacalhau e as batatas e deixar dourar. Reservar.
4. Cozinhar os ingredientes do molho de tomate até o tomate desmanchar. Corrigir o sal. Passar o molho na peneira e colocá-lo sobre o bacalhau.
5. Levar ao forno em uma vasilha refratária por alguns instantes antes de servir.

VINHO: As batatas amenizam a acidez do tomate e a intensidade gustativa do bacalhau. Um tinto da Bairrada jovem, da casta baga, completará a homenagem a Portugal.

600g de bacalhau em lascas limpo e dessalgado*
600g de batata (6 unidades médias)
50g de manteiga (2 colheres de sopa)
30ml de azeite (3 colheres de sopa)

Para o molho de tomate:
200g de tomate (3 unidades médias)
20ml de azeite (2 colheres de sopa)
5gr de alho picado (1 dente)
70g de cebola picada (1 unidade média)
50ml de vinho branco seco (5 colheres de sopa)
1 pitada de açúcar
1 ramo de manjericão
sal a gosto

Utensílios necessários:
peneira, 1 vasilha refratária

Cumbucas de Tomate Recheadas com Bacalhau

CALAMARES | Porto Alegre

360g de tomate
(4 unidades grandes)
300g de bacalhau em posta
previamente dessalgado*
130ml de azeite (13 colheres
de sopa)
50g de cebola (1 unidade média)
10g de alho picado (2 dentes)
25g de margarina (1 colher
de sopa)
40g de farinha de trigo
(4 colheres de sopa)
100ml de leite (1/2 copo)
30g de nata ou creme de leite
sem o soro, bem batido
(3 colheres de sopa)
10g de salsa picada (1 colher
de sopa)
sal a gosto
1 maço pequeno de rúcula
6 tomates-cerejas para decorar

Para o arroz de açafrão:
20ml de azeite (2 colheres
de sopa)
100g de arroz cru (1 xícara)
200ml de água quente (1 copo)
10g de açafrão em pó
(2 colheres de café)
sal a gosto

PREPARO:

1. Lavar os tomates, cortar uma pequena tampa na parte superior e retirar as sementes. Virá-los sobre um pano, deixar escorrer e reservar.

2. Retirar pele e espinhas do bacalhau e desfiá-lo em lascas.

3. Numa panela, colocar 10 colheres de sopa de azeite, as rodelas de cebola e o alho. Acrescentar o bacalhau e, mexendo sempre, cozinhar por 10 minutos.

4. Numa frigideira, derreter a margarina com 1 colher de sopa de azeite. Acrescentar a farinha, até tostar. Em seguida, adicionar o leite aquecido, mexendo, até formar um creme. Juntar a nata e a salsa. Misturar bem e retirar do fogo.

5. Juntar o creme ao bacalhau já cozido, até obter uma mistura homogênea. Corrigir o sal.

6. Rechear os tomates com a mistura anterior, colocar as tampinhas e levá-los ao forno previamente aquecido a 180°C, num pirex, por cerca de 30 minutos.

Preparo do arroz:
1. Colocar o azeite numa panela e misturar o arroz cru, fritando ligeiramente. Dissolver na água quente o açafrão, misturar ao arroz, adicionar o sal e deixar cozinhar em fogo brando até secar.

Montagem:
1. Numa travessa, dispor os 4 tomates recheados no centro e o arroz enformado nas duas extremidades, preenchendo os espaços com a rúcula. Decorar com o os tomates-cerejas.

Obs.: Para dessalgar* o bacalhau, colocá-lo com a pele para cima em recipiente com 3 litros de água, na geladeira, durante 36 horas. Trocar a água no mínimo 6 vezes.

VINHO: Diferente forma de apresentar o bacalhau; o arroz de açafrão tem um papel importante na receita, mas não é dominante. Um tinto que valorizará essa combinação será um Merlot da região do Veneto.

Tomates Perfumados e Arroz de Alho-Poró

LUNA BISTRÔ | Praia de Pipa

Para o caldo de peixe:
1kg de cabeça, espinha e sobra
    de peixe bem limpos
50g de cebola (1 unidade média
    cortada em quatro)
30g de cenoura cortada ao meio
    (1 unidade pequena)
1 1/2 litro de água
1 talo de salsão picado
pimenta-do-reino a gosto
folhas de louro

200g de tomate maduro
    (3 unidades médias)
100g de camarões médios,
    limpos
100ml de molho provençal
    (1 copo) – ver
    receita abaixo
2 camarões grandes e folhas
    de manjericão para decorar
50g de queijo *feta*

Para o molho provençal:
160g de tomate
    (2 unidades grandes)
50g de cebola (1 unidade média)
5g de alho (1 dente)
50ml de vinho branco
    (5 colheres de sopa)
1 ramo de tomilho e manjericão

Preparo do caldo (aproximadamente 40 minutos):

1. Colocar todos os ingredientes na panela e deixar ferver. Cozinhar em fogo brando por cerca de 20 minutos, sem deixar por mais de 30 minutos, para não amargar. Retirar a gordura, à medida que ela for se formando na superfície. Coar o caldo e reservar.

2. Cortar a tampa dos tomates, sem retirá-las. Levar os tomates ao forno de microondas por aproximadamente 2 minutos (potência alta). Em seguida, testar a consistência de um tomate, pois pode haver diferença entre um microondas e outro. O tomate deve sair cozido, porém rijo. Retirar a tampa e as sementes. Reservar.

3. Grelhar os camarões, acrescentar o molho provençal e deixar apurar* bem. Reservar.

4. Preparar o arroz simultaneamente: Dourar a cebola na manteiga e acrescentar o arroz. Quando a manteiga já estiver completamente misturada ao arroz, começar a adicionar o caldo de peixe. Mexer bastante para o risoto ficar bem cremoso. Acrescentar o alho-poró e adicionar o vinho. Continuar mexendo, adicionando o caldo até o arroz ficar *al dente*.

5. Rechear os tomates com o queijo *feta* picado, completando com o molho perfumado de camarão. Deixar 1 ou 2 cubos de queijo nas extremidades do tomate. Levá-los ao forno para gratinar.*

6. Num prato grande e, de preferência, decorado ou colorido, arrumar o tomate em uma ponta e o arroz na outra. Decorar o arroz com as rodelas de alho-poró e salpicar salsinha em volta. Colocar o camarão reservado na borda do tomate e depois salpicá-lo com o manjericão. Servir imediatamente.

VINHO: Prato de boa complexidade e intensidade de sabor pela presença do alho-poró. Merece um vinho que possa complementar a felicidade do nosso paladar: um Pinot Grigio será bem-vindo.

Para o arroz de alho-poró:
10g de cebola bem picada
(1 colher de sopa)
25g de manteiga (1 colher de sopa)
100g de arroz *arborio* (1 xícara)
900ml de caldo de peixe
(9 copos)
60g de alho-poró picado
(4 unidades médias)
50ml de vinho branco
(5 colheres de sopa)

Utensílios necessários:
coador, forno de microondas

Massa com Shimeji, Tomates e Camarões

KOJIMA | Recife

250g de massa para *yakisoba*
100g de cebola (1 unidade grande)
50g de pimentão (1 unidade grande)
100g de tomate (1 unidade grande)
25g de azeitona picada
200g de cogumelos tipo *shimeji*
50ml de azeite (5 colheres de sopa)
150g de camarão médio
sal, salsinha e orégano a gosto

PREPARO:

1. Cozinhar a massa.
2. Cortar os ingredientes (cebola, pimentão, tomate, azeitona, cogumelo) em tiras finas.
3. Refogar a cebola no azeite até dourar e acrescentar o pimentão.
4. Adicionar os camarões, os cogumelos e, em seguida, os tomates.
5. Temperar com sal, salsa e orégano a gosto e deixar em fogo brando por aproximadamente 5 minutos.
6. Servir sobre a massa para *yakisoba*.

VINHO: O equilíbrio de sabores entre o *shimeji* e o camarão torna bem-vindo um Chinon Blanc do Vale do Loire.

Peixe Gratinado ao Molho de Tomates Secos

BANANA DA TERRA | Paraty

PREPARO:

1. Temperar o peixe já cortado em cubinhos com sal, limão, 1 colher de sopa de alho e pimenta a gosto. Reservar.

2. Em uma panela, aquecer o óleo e a margarina. Acrescentar a cebola e, em seguida, o restante do alho. Quando estiverem dourados, adicionar o tomate picadinho e logo depois o camarão.

3. Deixar cozinhar, mexendo de vez em quando. O camarão solta água e, por isso, tem que cozinhar até que a água se reduza à metade. Adicionar, então, o queijo tipo Catupiry, a salsa e a cebolinha. Apagar o fogo. Reservar.

4. Bater no liqüidificador o tomate seco com um pouquinho de creme de leite. Depois de batido, juntar o restante do creme e bater lentamente com o batedor de arame. (Atenção: tomar cuidado para não talhar.) Em uma panela, aquecer o óleo e a margarina, dourar a cebola e acrescentar a mistura batida. Aquecer sem deixar ferver. Reservar.

Primeira parte:

600g de filé de capucho (ou vermelho ou linguado), cortado em cubos de 1cm

sal e pimenta-do-reino a gosto

1 limão

50g de alho socado (3 colheres de sopa)

20ml de óleo (2 colheres de sopa)

75g de margarina (3 colheres de sopa)

160g de cebola ralada (3 unidades médias)

115g de tomate picado bem miudinho (1 unidade média)

500g de camarão sete barbas sem casca

200g de queijo tipo Catupiry (6 colheres de sopa)

20g de salsa e cebolinha (1/4 de maço)

Segunda parte:

100g de tomate seco

500ml de creme de leite fresco

20ml de óleo (2 colheres de sopa)

75g de margarina (3 colheres de sopa)

110g de cebola ralada
(2 unidades médias)
50g de queijo parmesão ralado
(5 colheres de sopa)
sal a gosto

Para decorar o prato:
tirinhas de tomate seco
e salsa picada

Utensílios necessários:
1 fôrma, 4 aros de 4,5cm de
diâmetro e 4cm de altura (para
a montagem do prato), batedor
de arame, liqüidificador

5. Ajeitar os aros numa fôrma untada.
6. Distribuir o peixe em porções iguais dentro dos aros; sobre o peixe colocar, também em partes iguais, o camarão sem o molho. Reservar a sobra dos refogados de camarão.
7. Regar o camarão com um pouco do molho de tomate seco, salpicar com queijo parmesão e levar o peixe ao forno a 250°C por 15 minutos.
8. Juntar o restante do molho de tomate seco com o camarão refogado, aquecendo-os juntos, mas sem deixar ferver.
9. Retirar o peixe do forno e, com a ajuda de uma espátula, retirar os aros da fôrma e colocá-los no centro dos pratos.
10. Retirar o aro e dispor o molho aquecido em volta do peixe.
11. Sobre o molho, arrumar as tirinhas de tomate seco cruzadinhas e salpicar com a salsa picada.
12. Servir imediatamente.

VINHO: A complexidade do prato exige um branco de boa estrutura. Um Chardonnay, do Alto Ádige.

Salmão Trançado com Tomate Seco

NAKOMBI | São Paulo

160g de tomate-caqui
(2 unidades médias)
1 maço de agrião
500g de filé de salmão limpo, sem espinha
500g de filé de linguado limpo
sal e pimenta-do-reino a gosto
1 pitada de Ajinomoto
300g de tomate seco
óleo para untar

Para o molho *tepan*:
30g de cenoura (1 unidade pequena)
30g de cebola (1 unidade pequena)
20g de gengibre ralado
(2 colheres de sopa)
5g de alho (1 dente)
1/2 maçã
1 pitada de Ajinomoto
60ml de molho de soja suave
(6 colheres de sopa)
60ml de vinagre branco
(6 colheres de sopa)
10g de açúcar (1 colher de sopa)
10 gotas de óleo de gergelim
bater tudo no liqüidificador

PREPARO:

1. Lavar e higienizar os tomates e o agrião.

2. Cortar o salmão e o linguado em tiras de 1,5cm de largura, 1cm de altura e 20cm de comprimento.

3. Temperar as tiras do salmão e do linguado com sal, Ajinomoto e pimenta.

4. Cortar o tomate seco em finas fatias e arrumá-las sobre as fatias dos linguados.

5. Fazer uma trança: colocar paralelamente na vertical, com todo cuidado, cinco fatias alternadas de salmão e linguado (o linguado estará sempre com o tomate seco por cima). Com outras cinco fatias também alternadas, vir trançando na horizontal até formar uma trama que lembra um tabuleiro de xadrez (começar pelo meio). Cortar as rebarbas para que fique no formato quadrangular.

6. Untar uma chapa com um pouco de óleo e dispor os filés trançados. Importante: colocar uma tampa para abafar e grelhar mais rápido e grelhar só uma

Utensílio necessário:
liqüidificador

vez de cada lado, para não desmanchar. Sempre virar com cuidado usando uma espátula.

7. Como decoração, cortar o tomate-caqui em fatias bem finas e forrar o centro do prato, colocar os filés trançados por cima, arrumar algumas folhas de agrião na parte superior do prato e regar os filés trançados com o molho *tepan*.

VINHO: A forma de preparo deste prato preserva todo o sabor dos peixes. Para celebrar esse casamento, um branco macio e aveludado, que dará mais nobreza à combinação: um Terre Alte do Friuli.

Tomates Recheados com Filés de Atum Crocantes

SUSHI GARDEN I Rio de Janeiro

PREPARO:

1. Cortar a tampa de 4 tomates e retirar a polpa. Picar os tomates restantes em pedaços pequenos.
2. Reservar a polpa, os tomates picados e as tampas.
3. Preparar uma farofa com a pimenta e o aniz ralados e 100g do gergelim torrado. Reservar.
4. Cortar o cogumelo em tiras, retirando o talo.
5. Colocar o óleo de gergelim e o alho numa frigideira e deixar dourar um pouco. Adicionar o gengibre e o molho de soja e refogar mais um pouco. Acrescentar os tomates picados e a polpa retirada dos outros tomates.
6. Em fogo brando, mexer com uma colher de pau. Adicionar a água. Quando o tomate estiver quase desmanchando, acrescentar o *shiitake* já cortado e deixar hidratar* bem.

640g de tomate (8 unidades médias)
20g de pimenta-do-reino em grãos (20 unidades)
aniz estrelado (6 unidades)
200g de gergelim preto em grãos
150g de cogumelo *shiitake*
80ml de óleo de gergelim (8 colheres de sopa)
40g de alho picado (8 dentes)
40g de gengibre ralado (4 colheres de sopa)
250ml de molho de soja (1 1/2 copo)
250ml de água (1 1/2 copo)
5ml de óleo de soja (1/2 colher de sopa)
800g de filé de atum limpo
salsa crespa para decorar (4 galhos)

7. Durante o preparo do molho, colocar os tomates sem a polpa em uma chapa, esquentando lentamente para evitar que escureçam.

8. Esquentar um pouquinho de óleo de soja em uma frigideira e acrescentar a peça inteira do atum. Deixá-la mudar de cor e virar o outro lado, fazendo com que fique cozida nas extremidades e crua no meio.

9. Retirar a peça do atum da frigideira e passá-la imediatamente na farofa já preparada.

10. Cortar a peça em fatias.

11. Colocar 1 tomate no centro do prato e arrumar as fatias de atum ao seu redor, como raios de sol.

12. Rechear o tomate com o molho de tomate e acrescentar um pouco de molho também ao filé de atum. Polvilhar o restante de gergelim por cima e decorar com a salsa crespa.

VINHO: O molho de soja é utilizado refogado, o que facilita a harmonização e torna menos intensa a acidez. O atum pede um tinto de pouco corpo. Um Chinon da região do Loire.

Açorda de Bacalhau e Tomates

O NAVEGADOR | Rio de Janeiro

PREPARO:

1. Na véspera, deixar o bacalhau, cortado em postas de 5cm, de molho na água fria, trocando a água por 5 vezes.
2. No dia seguinte, em outro recipiente, colocar o pão francês de molho em água filtrada.
3. Escorrer a água e reservar o bacalhau.
4. Numa panela, colocar bastante azeite, alho picado, cebola fatiada fina e louro.
5. Deixar dourar e acrescentar o bacalhau com pele, com a parte da pele para cima.
6. Cozinhar em fogo baixo até que a cebola esteja amolecida.
7. Verificar com um garfo se o bacalhau já está cozido; se estiver, retirá-lo da panela, eliminar as peles, as espinhas, desfiá-lo em lascas e levá-lo novamente à panela junto com o refogado.
8. Juntar o pão bem espremido para retirar toda a água, os tomates e o coentro picado.

500g de bacalhau seco
8 unidades de pão francês
180ml de azeite extravirgem
(18 colheres de sopa)
20g de alho picado (4 dentes)
50g de cebola fatiada ou picada bem fino (1 unidade média)
1 folha de louro
200g de tomate bem maduro ou tomate pelado em conserva (3 unidades médias)
20g de coentro picado (2 colheres de sopa)
250ml de caldo de camarão ou peixe (1 1/2 copo)
4 ovos inteiros
pão redondo ou broa para servir a açorda
8 tomates-cerejas e folhas de coentro frescas para decorar
4 folhas de alface e de coentro para acompanhar
sal e vinagre de xerez a gosto

9. Adicionar, pouco a pouco, o caldo de camarão ou de peixe, quente, até obter uma consistência cremosa.
10. Misturar, batendo como um bolo, para desmanchar tudo muito bem, sempre com a colher de pau.
11. Na hora de servir, retirar do fogo e adicionar os ovos inteiros, juntar um fio de azeite e coentro picado. Bater de novo, vigorosamente.
12. Caso a açorda tenha endurecido, regar com um pouco mais de caldo.
13. Servir dentro de um pão redondo como a broa ou pão de campanha. Decorar com tomates-cerejas e folhas frescas de coentro acompanhado de saladinha verde temperada com azeite, sal e vinagre de xerez.

VINHO: Peixe de carne polpuda um pouco gorda e rica em sabor. Pelo seu paladar marcante e suculência, um bom parceiro é um Chablis Premier Cru, branco de boa estrutura e levemente acarvalhado.

Aves & Carnes

Frango Caipira e Nhoque de Macaxeira com Molho de Tomate

DIVINA GULA | Maceió

600g de macaxeira cozida (aipim)
175g de farinha de trigo
(1 1/2 xícara)
30ml de manteiga de garrafa
(3 colheres de sopa)
10g de sal (1 colher de sopa)

Para o molho:
500g de frango caipira com osso
50ml de azeite
100g de cebola
(1 unidade grande)
30g de alho (6 dentes)
750g de tomate
(10 unidades médias)
150ml do caldo do cozimento
do frango (1 xícara)
50g de queijo parmesão
(5 colheres de sopa)
1/4 de pimenta malagueta
4 ramos de manjericão
20ml de molho de soja
(2 colheres de sopa)
100g de queijo-de-minas
meia cura

Utensílios necessários:
moedor de carne, escorredor,
escumadeira, caçarola, pirex

PREPARO:

1. Passar a macaxeira cozida pelo moedor, deixar esfriar, adicionar a farinha, a manteiga e o sal. Misturar tudo até ficar uma massa homogênea e bem ligada. Polvilhar uma mesa de mármore com a farinha, enrolar porções da massa na grossura de um dedo e cortá-las em pedaços pequenos.

2. Colocar água com sal para ferver, adicionar os nhoques aos poucos. Quando eles subirem, estarão cozidos. Retirar com uma escumadeira e escorrer muito bem.

3. À parte, preparar o molho. Cozinhar o frango em água, desfiar e reservar o caldo do cozimento.

4. Colocar o azeite em uma caçarola, deixar esquentar e dourar a cebola e o alho. Acrescentar o frango desfiado ao refogado. Quando este estiver um pouco dourado, adicionar o tomate sem pele e sementes, o caldo do frango, (que sobrou do seu cozimento), o queijo parmesão e

a pimenta malagueta. Deixar ferver por 10 minutos. Colocar o manjericão e o molho de soja. Desligar e tampar.

5. Arrumar o nhoque previamente cozido e escorrido em um pirex e alternar uma camada de nhoque, uma de queijo-de-minas e uma de molho. O prato deve terminar com o molho por cima.

VINHO: O sabor deste prato, com seus ingredientes bastantes distintos, pede um vinho de boa estrutura e aromas intensos, como um Sangiovese da Toscana.

Balaio de Carne-de-Sol com Molho de Tomate Verde

FOGO CAIPIRA | Campo Grande

400g de tomate maduro e firme
(4 unidades grandes)
sal e pimenta-do-reino a gosto

Para o recheio:
30g de cebola ralada
(1 unidade pequena)
5g de alho amassado (1 dente)
100g de carne-de-sol cozida
e desfiada
10ml de óleo (1 colher de sopa)
1 colher de sopa de cheiro-
verde (ou 2 galhos de salsa
e 2 de cebolinha)
sal a gosto
100g de requeijão (4 colheres
de sopa)

PREPARO:

1. Lavar os tomates e secá-los. Em seguida, cortá-los no formato de uma cesta. Retirar as sementes e temperar o interior com sal e pimenta a gosto. Reservar.

2. Refogar a cebola, o alho e a carne-de-sol no óleo, mexendo um pouco. Adicionar o cheiro-verde e misturar. Corrigir o sal, se necessário. Desligar o fogo. Reservar.

3. Para o molho: refogar o alho, a cebola e os tomates no azeite, acrescentar a noz-moscada, o louro, a trouxinha e a água. Deixar apurar* até reduzir a água à metade. Retirar o louro e a trouxinha de pimenta. Bater no liqüidificador até obter um molho homogêneo, passando, em seguida, pela peneira.

4. Rechear cada um dos tomates temperados (descritos no item 1) com a carne-de-sol e o molho (item 3) e finalizar com o requeijão cremoso. Acomodá-los em um pirex, regá-los com azeite e levá-los ao forno por 15 minutos.

VINHO: A carne-de-sol de sabor marcante domina e, juntamente como os demais ingredientes, torna muito rico este prato. Para uma boa harmonia, um tinto de bom corpo e aromas pungentes: um Malbec da Argentina realçaria brilhantemente todas as características desta receita.

Para o molho:
5g de alho amassado (1 dente)
30g de cebola picada (1 unidade pequena)
200g de tomate verde picado (2 unidades grandes)
20ml de azeite (2 colheres de sopa)
1 pitada de noz-moscada
1 folha de louro (pequena)
1g de pimenta-do-reino em grão na trouxinha (1 colher de chá) – fazer uma trouxinha em tecido tipo gaze e colocar 10 grãos
250ml de água (1 1/2 copo)

Utensílios necessários:
liqüidificador, peneira, 1 pirex

Leito de Geléia de Tomates à Moda Basca e Costeletas de Suíno

LA BOURGOGNE | São Paulo

2kg de tomate vermelho e bem firme
10g de alho (2 dentes)
20ml de azeite (2 colheres de sopa)
1 *bouquet garni* * (3 talos de salsa, 3 talos de tomilho, 1 talo de cebolinha, 1 folha de louro, 1 pimenta dedo-de-moça inteira, 2 talos de alho-poró)
sal e pimenta-do-reino a gosto
200g de presunto cozido, cortado em cubos
100g de cebola picada (2 unidades médias)
100g de pimentões verdes e vermelhos cortados em tiras (2 unidades grandes de cada)
50g de manteiga (2 colheres de sopa)
1 kg de costeletas porco (8 fatias finas)

PREPARO:

1. Escolher tomates vermelhos, porém firmes e lavá-los.

2. Marcar o fundo de cada tomate com uma cruz feita com faca afiada.

3. Mergulhar os tomates na água fervente durante 1 a 2 minutos para descolar a pele.

4. Retirar a pele. Cortar os tomates em quatro e retirar as sementes. Picar em cubos grandes.

5. Esfregar um dente de alho numa panela. Acrescentar o azeite, os tomates, os alhos inteiros, o *bouquet garni*,* o sal, a pimenta-do-reino, o presunto, a cebola e os pimentões. Deixar cozinhar em fogo baixo durante aproximadamente 1 hora. Retirar o *bouquet garni*.

6. Numa frigideira, dourar num pouco de manteiga as costeletas, previamente temperadas com sal e pimenta-do-reino.

7. Num prato, fazer um leito da geléia de tomate e colocar por cima as costeletas grelhadas.

VINHO: As costeletas pedem um tinto, para realçar seu sabor e neutralizar o excesso de gordura. Os taninos e aromas de um Tempranillo da Rioja serão bem-vindos.

Tomates Recheados em Carpaccio de Avestruz Defumado

MOANA | Fortaleza

400g de tomate sem pele
(4 unidades grandes
cortadas ao meio,
sem semente)
300g de queijo cremoso aerado
ao alho (tipo Polenghi)
2 gemas
60g de azeitona preta picada
e sem caroço (16 unidades)
50g de extrato de cebola
(2 colheres de sopa)
20g de farinha de rosca
(2 colheres de sopa)
60g de queijo parmesão ralado
(6 colheres de sopa)
salsa picada
100g de creme de leite fresco
(1/2 copo)
sal e pimenta-do-reino a gosto
400g de carne de avestruz
defumada finamente
fatiada (em *carpaccio*)

Para o molho:
120ml de azeite (12 colheres
de sopa)
20ml de suco de limão
(2 colheres de sopa)

PREPARO:

1. Colocar a água para ferver em uma caçarola e deixar os tomates dentro por 1 minuto.

2. Retirar os tomates, passá-los em água fria, escorrer o excesso de líquido e reservar.

3. Em uma tigela, misturar o queijo cremoso aerado, as gemas, as azeitonas, o extrato de cebola, a farinha de rosca, o queijo parmesão, a salsa e o creme de leite. Misturar tudo muito bem e rechear os tomates. Finalizar polvilhando os tomates com o queijo parmesão ralado. Reservar.

4. À parte, preparar o molho. Misturar todos os ingredientes do molho numa tigela e reservar.

5. Colocar os tomates recheados em uma travessa umedecida com o creme de leite e levar ao forno a 200°C para cozinhar por aproximadamente 20 minutos, até ficarem dourados.

6. Enquanto os tomates estiverem no forno, iniciar a montagem do prato. Colocar em pratos de 25cm, em sentido horário, alternadamente, 2 folhas de *radicchio* e 2 folhas de alface frisada, até o fechamento do círculo. Da mesma maneira, dispor o *carpaccio* de avestruz defumado. Reservar.

7. Quando os tomates estiverem prontos, colocá-los no centro do prato previamente arrumado com os verdes e o *carpaccio*. Delicadamente, espalhar o molho sobre o *radicchio*, a alface e o *carpaccio*, finalizando com os ovos de codorna e a salsa. Terminar a montagem e servir imediatamente.

VINHO: Para preservarmos cada característica do sabor, vamos aliar um Sancerre tinto, que, com um toque sutil de acidez e leveza, estará apto a enfrentar esse desafio.

40ml de vinagre de manga
(4 colheres de sopa)
20ml de molho de soja
(2 colheres de sopa)
15ml de mel (1 1/2 colher
de sopa)
20ml de mostarda americana
(4 colheres de café)
sal e pimenta-do-reino a gosto

Para decorar o prato:
16 folhas de *radicchio*
16 folhas de alface frisada
20 ovos de codorna cozidos
e picados finos
salsa picada

Utensílios necessários:
escorredor, 4 pratos de 25cm

Costeleta de Porco com Chutney de Tomate

GOSTO COM GOSTO | Visconde de Mauá

600g de costeleta de porco
(4 costeletas médias)
sal e pimenta-do-reino a gosto
1 limão
20ml de azeite (2 colheres
de sopa)

Para o *chutney*:
400g de tomate maduro
(4 unidades grandes)
30ml de vinagre de laranja ou
maçã (3 colheres de sopa)
60g de açúcar (6 colheres
de sopa)
80ml de água (8 colheres
de sopa)
30g de cebola triturada
(1 unidade pequena)
1g de pimenta rosa (10 grãos
ou 1 colher de chá)
sal a gosto
5g de gengibre ralado
(1/2 colher de sopa)
ramos de alecrim para decorar
60g de manteiga
(2 1/2 colheres de sopa)
100g de açúcar (10 colheres
de sopa)
16 tomates-cerejas
40ml de água (4 colheres
de sopa)

PREPARO:

1. Temperar as costeletas com o sal, a pimenta e o limão e deixar marinar* por 1 hora.

2. Fritar as costeletas no azeite quente, até dourarem completamente, pingando água para que cozinhem enquanto fritam. Tomar cuidado com esta operação, pois pode respingar. Reservar.

3. À parte, preparar o *chutney*. Retirar a pele dos tomates e picá-los em cubos pequenos, retirando as sementes. Reservar.

4. Escorrer completamente o azeite usado na fritura das costeletas e adicionar o vinagre, o açúcar e a água para caramelar* em fogo baixo.

5. Acrescentar os cubos de tomate, a cebola, a pimenta rosa, o sal e o gengibre, mexendo até que os tomates desmanchem completamente. Se preferir, bater no liqüidificador. Reservar o *chutney*.

6. Numa frigideira, colocar a manteiga e o açúcar, acrescentar os tomates-cerejas, a água e deixar cozinhar até reduzir.* Reservar.

Preparo do angu:
1. Colocar a água para ferver com o sal. Molhar o fubá com água fria antes de dissolvê-lo na água fervente, para não empelotar. Mexer bem. Abaixar o fogo e deixar cozinhar por 15 minutos. Molhar as forminhas do formato que desejar e cobri-las com o angu. Reservar.

Montagem:
1. No centro do prato, colocar o *chutney* e, por cima, a costeleta. Em cada lado, arrumar um angu e, entre eles, 4 tomates-cerejas com um galho de alecrim, formando um cacho. Acrescentar mais um pouco de *chutney* por cima da costeleta, deixando cair um pouco no angu também.

VINHO: A tendência ao excesso de gordura, devido às costeletas, requer um tinto com taninos ainda vivos. Um Cabernet Sauvignon da Califórnia domará bem.

Para o angu:
500ml de água (2 1/2 copos)
1 colher de chá de sal
200g de fubá (2 xícaras)

Utensílios necessários:
liqüidificador, 4 forminhas

Tortinha Caprese com Azeite de Ervas

ORIUNDI I Vitória

12 escalopes de filé *mignon*
  (50g cada)
sal e pimenta-do-reino a gosto
100g de farinha de trigo
  (1 xícara)
4 ovos batidos
100g de farinha de rosca
  (1 xícara)
óleo de soja para fritar
200ml de azeite de ervas (1 copo)
250g de tomate seco
500g de mozarela de búfala
  em rodelas
1 maço de folhas de manjericão
  em tirinhas (1 xícara)
60g de rúcula em tirinhas finas
  (cortada na hora)
8 tomates-cerejas vermelhos e
  8 amarelos, cortados ao meio

Para o azeite de ervas:
200ml de azeite extravirgem
  (1 copo)
5g de alho amassado (1 dente)
5g de ervas frescas picadas
  (manjericão verde e roxo,
  tomilho, alecrim, sálvia e
  salsa) – 1 colher de sopa cheia

PREPARO:

1. Bater os escalopes para afiná-los.
2. Temperar com sal e pimenta.
3. Passar na farinha de trigo e retirar o excesso.
4. Passar no ovo batido e na farinha de rosca.
5. Apertar bem com a ponta dos dedos.
6. Fritar em óleo preaquecido.
7. Escorrer e enxugar bem com papel-absorvente.
8. Cortar os escalopes com um aro de 8cm.
9. Numa assadeira untada com azeite, colocar 4 aros e em cada um montar as seguintes camadas:
   - escalope à milanesa, tomate seco, mozarela de búfala e manjericão.
   - mais duas camadas destas, terminando com a mozarela e o manjericão.
10. Levar ao forno preaquecido (250°C) até o queijo derreter (10 a 15 minutos). Retirar os aros.
11. Transferir para o centro de um prato de serviço e cobrir com tirinhas de rúcula.

12. Enfeitar em volta com tomates-cerejas vermelhos e amarelos intercalados, azeite de ervas e manjericão fresco em tirinhas.

Utensílios necessários: escorredor, papel-absorvente, assadeira, 4 aros de 8cm, batedor de carne

Preparo do azeite:

1. Aquecer um pouco o azeite com alho.
2. Desligar o fogo e, quando amornar, retirar o alho e adicionar as ervas picadas.
3. Usar após 1 dia em infusão. Conservar em lugar fresco.

VINHO: Prato elaborado, com boa suculência e aromático. Um Barolo dará mais personalidade ao prato.

Filé com Molho de Tomate, Vinho e Calda de Rapadura

SAGARANA | João Pessoa

Para o molho:
120ml de vinho tinto (1 copo)
150g de molho de tomate
(1 xícara)
80g de açúcar mascavo
(8 colheres de sopa)
20ml de vinagre de vinho branco
(2 colheres de sopa)

600g de batata (4 unidades
do mesmo tamanho)
sal grosso a gosto
4 filés altos de 250g cada
sal e pimenta-do-reino a gosto
25g de manteiga sem sal
(1 colher de sopa)
salsa para decorar

Utensílio necessário:
papel-alumínio

Preparo do molho:

1. Colocar o vinho tinto numa panela e reduzir* até a metade. Adicionar o molho de tomate, o açúcar mascavo e o vinagre. Cozinhar por cerca de 8 minutos e reservar.

Modo de fazer:

1. Enquanto o molho cozinha, lavar as batatas com casca e passá-las no sal grosso, e, em seguida, levá-las ao forno a 200°C, envoltas em papel alumínio (para evitar que queimem), deixando assar por 30 minutos. Retirar as batatas do forno, amassá-las suavemente e fazer uma fenda no sentido longitudinal.

2. Temperar os filés com sal e pimenta a gosto. Aquecer uma frigideira e passá-los, um a um, na manteiga, grelhando-os de forma uniforme. Acrescentar o molho e deixar até o início da fervura.

3. Colocar os filés num prato com o molho; ao lado, arrumar as batatas retiradas do forno com a própria casca. Decorar com salsa.

VINHO: Muita suculência e um molho com um leve toque adocicado. Um tinto estruturado e com aromas que tendam ao doce será uma descoberta prazerosa. Encontramos num Amarone tudo de que precisamos.

Frango Recheado com Tomates Secos e Espinafre

LA SAGRADA FAMÍLIA | Rio de Janeiro

500g de tomate seco italiano em conserva de azeite
3 molhos de espinafre
100ml de azeite extravirgem (10 colheres de sopa)
20g de alho (4 dentes)
200g de requeijão (1 copo)
1kg de filé de frango
sal e pimenta-do-reino branca moída na hora, a gosto

Utensílios necessários: escorredor, tecido para filtragem, batedor de carne plano de alumínio, filme plástico, barbante

PREPARO:

1. Utilizar um escorredor para separar os tomates secos do azeite. Picar os tomates secos e reservar.

2. Preparar o espinafre da forma tradicional – limpar, lavar, ferver, escorrer bem a água e, com o auxílio de uma faca, picar bem miúdo. Em seguida, reforçar a eliminação da água utilizando tecido para filtragem.

3. Em uma panela, aquecer o azeite, acrescentar o alho picado, deixar dourar levemente, e juntar o espinafre. Em seguida, adicionar o tomate seco. Fora do fogo, juntar o requeijão e misturar para homogeneização do recheio. Reservar.

4. Separar as duas partes de cada filé de frango. Limpá-las, retirando a pele, as gorduras e as cartilagens. Utilizar um batedor plano de alumínio, para afinar bem os filés. Para evitar que os filés fiquem com cortes ou furos, cobrir os pedaços de frango com filme plástico, para que o batedor não entre em con-

tato direto com a carne. Temperar os filés com sal e pimenta.

5. Abrir o filme plástico sobre a bancada de trabalho, dispor os filés batidos, um a um, para serem recheados. Colocar sobre cada um 2 colheres de sopa do recheio, enrolar com o auxílio do filme plástico e amarrar as extremidades com barbante.

6. Na hora de servir, mergulhar os rolos de frango recheado em uma panela com água preaquecida e deixar cozinhar, em fogo médio, por aproximadamente, 15 minutos. Em seguida, remover o filme plástico e fatiar o frango recheado em rodelas de 2cm de espessura.

VINHO: Prato elaborado, de boa intensidade gustativa, o que nos leva para um tinto de médio corpo, com bom equilíbrio de acidez: um Montepulciano d'Abruzzo.

Frango com Pudinzinho de Batata-Baroa

PATO COM LARANJA | Rio de Janeiro

1kg de peito de frango dividido
ao meio e aberto
(sem cortar até o final)
200g de queijo-de-minas
150g de tomate seco
40g de folhas de manjericão
(4 colheres de sopa)
1 litro de caldo de frango
sal e pimenta-do-reino a gosto

Para o caldo de frango:
200g de osso de frango
50g de cebola (1 unidade média)
30g de cenoura (1 unidade
pequena)
1 folha de louro
2 talos de salsa
1 1/2 litro de água
(cozinhar por 30 minutos)

Para o pudinzinho:
500g de batata-baroa
(5 unidades médias)
6 gemas
sal, pimenta-do-reino e
noz-moscada a gosto

PREPARO:

1. Temperar os peitos de frango e recheá-los com o queijo e o tomate picados. Acrescentar o manjericão. Enrolar e passar o papel-filme fechando bem com um nó em cada ponta. Colocar dentro do caldo de frango e cozinhar por 8 minutos.

2. Para o pudinzinho: fazer um purê com a batata-baroa e acrescentar as gemas e os temperos.

3. Passar em uma peneira fina e colocar o purê nas forminhas.

4. Colocar o frango em uma fôrma untada de manteiga e levar ao forno (200°C) por aproximadamente 40 minutos. Não esquecer de cobrir com papel-alumínio.

5. Para o tomate *concassé*: fazer um fundo de panela com azeite, cebola, alho e tomilho. Acrescentar o tomate e cozinhar por 3 minutos em fogo muito brando. Adicionar o extrato de tomate. Temperar com sal e pimenta.

6. Em um prato, colocar no meio o pudinzinho, fatiar o frango na diagonal na espessura de 2 dedos e dispor em volta do pudinzinho. Colocar 3 colheres de chá do tomate *concassé* para decorar o prato, em 3 lugares diferentes.
7. Enfeitar o pudinzinho com um galho de manjericão fresco.
8. Acrescentar o azeite de ervas e as ervas frescas picadas para decorar.

VINHO: O frango aqui está enriquecido de ingredientes que lhe conferem um paladar mais marcante. Quanto ao vinho, um de boa raça e que apresente uma certa maturidade na evolução. Um bom Toscano atende bem às exigências.

Para o tomate *concassé*:
40ml de azeite (4 colheres
   de sopa)
50g de cebola (1 unidade média)
10g de alho (2 dentes)
tomilho
1kg de tomate sem pele e
   sem semente, em cubos
10g de extrato de tomate
   (2 colheres de chá)
sal e pimenta-do-reino a gosto

Para o azeite de ervas,
ver receita na página 108.

Utensílios necessários:
papel-alumínio, papel filme,
forminhas de 6cm de diâmetro,
peneira fina

Galeto Assado com Tomates, Cogumelos e Ervas

TASTE VIN | Belo Horizonte

20g de *cèpes* (cogumelos secos)
300ml de água (1 1/2 copo)
500g de tomate maduro
    (5 unidades grandes)
2 galetos de 450g cada
sal e pimenta-do-reino a gosto
10g de alho descascado e
    fatiado finamente (2 dentes)
10g de alho partido ao meio
    (2 dentes)
60g de cebola (1 unidade média
    partida em quatro)
2 galhos de tomilho
2 galhos de manjericão
2 galhos de alecrim
2 galhos de sálvia
20ml de azeite (2 colheres
    de sopa)
20g de manteiga derretida
    (2 colheres de sopa)
200ml de vinho branco seco
    (1 copo)
200ml de caldo de frango
    (1 copo) – ver receita
    na página 114
2 colheres de chá de tomilho
    (somente as folhas)

Utensílios necessários:
coador, barbante

PREPARO:

1. Hidratar* os cogumelos: ferver a água, retirar do fogo e colocar os cogumelos. Deixar por meia hora e lavá-los bem. Coar o caldo. Reservar ambos.

2. Lavar os tomates. Passá-los em água fervente por 1 minuto e, em seguida, retirar a pele. Cortar em quatro, retirar as sementes e picar finamente em cubos. Reservar.

3. Preaquecer o forno a 250°C.

4. Temperar os galetos com sal, alho e pimenta.

5. Recheá-los com os dentes de alho, as cebolas e os galhos das ervas.

6. Amarrá-los com barbante.

7. Assar os galetos num tabuleiro com azeite, por 25 a 30 minutos a 250°C, até ficarem dourados, pincelando-os duas vezes com manteiga. Se necessário, colocar um pouco de água no fundo do tabuleiro. A pele deve ficar supercrocante e a coxa assada ao ponto, quase rósea na junta. Retirar os galetos do forno. Reservar.

8. Deglaçar* o tabuleiro com o vinho. Adicionar o caldo de frango, os tomates, os cogumelos e deixar cozinhar por 15 minutos. Reservar.
9. Retirar o barbante dos galetos. Aquecer o molho, acrescentando sal, pimenta, as folhas de tomilho e o caldo que se forma na cavidade dos galetos. Colocar os galetos inteiros em pratos individuais, servir o molho ao redor e decorar com galhos de ervas frescas.

VINHO: As ervas utilizadas em todo o processo do prato tornam o paladar final muito marcante e o galeto rico em sabor. A fim de preservar essas características, o vinho não deve se sobrepor. Um Pinot Noir da região de Bourgogne fará bem esse papel.

Carrê de Cordeiro com Molho de Hortelã e Trança de Tomates

RUELLA | São Paulo

Para o carrê de cordeiro:
40ml de azeite (4 colheres
    de sopa)
10ml de óleo de canola (1 colher
    de sopa)
5g de alho (1 dente)
1kg de carrê de cordeiro com
    o osso (corte francês)
sal e pimenta-do-reino a gosto

Para o molho de hortelã:
folhas frescas de hortelã
50ml de licor de menta
    (5 colheres de sopa)
200ml de azeite (20 colheres
    de sopa)
sal e pimenta verde em grão,
    moída na hora

Para a trança de tomates:
60ml de azeite (6 colheres
    de sopa)
10g de alho bem picado
    (2 dentes)
1 folha de louro
40g de cebola em rodelas finas
    (1 unidade média)
40g de alho-poró em
    rodelas finas

PREPARO:

1. Esquentar o azeite com o óleo em uma frigideira. Acrescentar o alho e fritar os carrês rapidamente para não passarem do ponto, pois endurecem. Depois de fritos, temperá-los a gosto com sal e pimenta. Reservar.

2. Picar as folhas de hortelã e fazer uma pasta misturando com o licor de menta e o azeite. Temperar a gosto com sal e pimenta. Reservar.

3. Para a trança: dourar na frigideira, em fogo médio, com 2 colheres de sopa de azeite, o alho, a folha de louro, a cebola, o alho-poró, o pimentão e a berinjela por aproximadamente 10 minutos. Distribuir uniformemente no fundo de uma travessa refratária e arrumar por cima, em fileiras, intercalando sempre com os tomates, as berinjelas, as abobrinhas e os *shiitakes*. Cobrir tudo com o queijo *pecorino*, o sal, a pimenta-

branca, o alecrim picado e o restante do azeite. Levar ao forno (180°C) até dourar.

4. Arrumar a trança no centro do prato com os carrês apoiados pelos ossos. Cobri-los com o molho de hortelã, fazendo um pontilhado com o molho pelo prato. Decorar com um ramo de hortelã entre os ossos.

VINHO: Uma eclética combinação de ingredientes resulta num prato de forte sabor e extraordinário aroma. A fim de preservar essa personalidade, buscaremos num belo Bordeaux, já pronto, toda a complexidade que fará dessa harmonização um convite à degustação.

25g de pimentão amarelo sem a parte branca, em fatias finas (1/2 unidade)
200g de berinjela em rodelas (3 unidades médias)
250g de tomate firme em rodelas e sem as sementes (3 unidades médias)
200g de abobrinha em rodelas
125g de *shiitake* fresco com o caule em fatias
50g de queijo *pecorino* ralado (5 colheres de sopa)
sal e pimenta-branca em grão, moída na hora
ramos de alecrim fresco

Utensílio necessário:
1 travessa refratária

Frango com Tomate

XAPURI | Belo Horizonte

1 1/2kg de frango (coxa
e sobrecoxa)
70g de molho Xapuri
300ml de gordura de porco
(1 1/2 copo)
100g de cebola batida
(1 unidade grande)
35g de alho batido (7 dentes)
50g de manteiga sem sal
(2 colheres de sopa)
100ml de água fervente
(1/2 copo)
pimenta-do-reino a gosto
1kg de tomate para molho
sem pele, picado
1kg de ervilha larga

Para o molho Xapuri:
60g de alho (12 dentes)
70g de cebola (1 unidade média)
50g de pimentão
(1 unidade média)
20g de salsa (2 colheres
de sopa)
20g de cebolinha (2 colheres
de sopa)
sal a gosto
Bater tudo no liqüidificador.
Reservar o restante do molho
Xapuri para outros fins.

PREPARO:

1. Lavar bem os pedaços de frango.
2. Furar cada pedaço de frango e temperá-los com o molho Xapuri no mínimo com 2 horas de antecedência.
3. Colocar a gordura para esquentar em uma panela grande e grossa.
4. Quando a gordura estiver bem quente, fritar os pedaços de frango até dourá-los por inteiro.
5. Escorrer toda a gordura.
6. Dourar a cebola e o alho na manteiga junto com o frango e acrescentar a água fervente e a pimenta. Deixar reduzir* a água até secar.
7. Acrescentar o tomate picado até que ele se desmanche. Retirar os pedaços de frango.
8. Bater este molho, sem o frango, no liqüidificador.
9. Cozinhar as ervilhas *al dente* na manteiga para compor o prato. Arrumá-las em forma de estrela com o frango no centro do prato.

VINHO: A forma do preparo exalta o sabor do frango e os demais ingredientes se encarregam da parte aromática. Para não perder nada, recomenda-se um tinto de boa estrutura e boa maciez como um Shiraz, da Austrália.

Utensílio necessário: liqüidificador

Sobremesas

Suflê Quente de Tomate com Roquefort

BOULEVARD | Curitiba

PREPARO:

1. Reduzir* a polpa de tomate até começar a grudar no fundo da panela.
2. Umedecer o açúcar com um pouco d'água e levar ao fogo baixo até que ferva por aproximadamente 15 minutos.
3. Misturar a polpa reduzida de tomate e o açúcar e cozinhar até o ponto de geléia.
4. Reservar e aguardar esfriar.
5. Bater de 4 a 5 claras de ovos em neve até obter a consistência bem firme.
6. Aquecer o forno por 15 minutos, a 180°C.
7. Untar os pontinhos de suflê com manteiga e açúcar.
8. Juntar as claras em neve à geléia de tomate, delicadamente. Dividir a composição nos potinhos de suflê.
9. Levar ao forno a 180°C por 20 a 25 minutos.
10. Misturar os dois queijos, passando-os em uma peneira fina. Temperar com noz-moscada e servir em potinhos menores ao lado do suflê.

1 1/2 kg de tomate maduro sem pele e sem semente
500g de açúcar (4 xícaras)
4 a 5 claras de ovos
manteiga e açúcar para untar os potinhos
150g de queijo tipo *mascarpone*
80g de queijo tipo *roquefort*
noz-moscada a gosto
açúcar de confeiteiro para polvilhar os potinhos
folhas frescas de menta para finalizar

Utensílios necessários:
potinhos para suflê, peneira fina

Tomate | Aromas e Sabores da Boa Lembrança

11. Finalizar com o açúcar de confeiteiro e as folhas de menta.

Obs.: A quantidade de açúcar poderá ser diminuída, se o tomate for realmente maduro e de boa qualidade. Nesta receita, usar tomates rasteiros, aqueles mais alongados e carnudos.

VINHO: Aqui a doçura dos tomates entra em contraste com o *roquefort*. Já o *mascarpone*, mais leve, apenas torna o prato mais harmônico. Seguindo essa linha, recomendamos um Zinfandel da Califórnia, com sua leveza e bons aromas.

Espuma de Tomate Caramelada

LOCANDA DELLA MIMOSA | Petrópolis

Preparo da musse:

1. Cozinhar 800g de tomate com 200g de açúcar. Deixar reduzir* um pouco até obter 600g de purê. Bater no liqüidificador, acrescentar o suco do limão e reservar. Picar o restante do tomate em cubos. Caramelar* o restante do açúcar numa panela e adicionar os tomates em cubos. Deixar cozinhar um pouco sem desmanchar. Adicionar o purê de tomate com os cubos e a gelatina previamente derretida. Deixar esfriar bem e juntar o creme de leite.

2. Molhar os biscoitos com o suco de tomate e a *vodka*, espremer um pouco e formar 6 aros de 8cm de diâmetro. Cobrir com a musse. Levar à geladeira. Reservar.

Preparo do creme:

1. Bater bem as gemas com o açúcar. Incorporar a maisena e adicionar o leite quente aos poucos. Levar ao fogo sem deixar ferver até engrossar. Depois de esfriar, adicionar os cubos de aipo.

Para a musse:
1kg de tomate sem pele e sem semente (reservar a pele para decorar)
250g de açúcar para cozinhar o tomate (1 1/2 xícara)
suco de 1/2 limão (1 colher de sopa)
6 folhas de gelatina derretidas em banho-maria* com 50ml de água (5 colheres de sopa)
100g de creme de leite batido (10 colheres de sopa)
10 biscoitos ingleses (biscoito champanhe sem açúcar)
500ml de suco de tomate (2 1/2 copos)
50ml de vodka (5 colheres de sopa)

Para o creme:
6 gemas
100g de açúcar (10 colheres de sopa)
10g de maisena (1 colher de sopa)
500ml de leite quente (2 1/2 copos)
50g de cubos de aipo cru

Utensílios necessários:
6 aros de 8cm de diâmetro, liqüidificador

2. Secar a pele do tomate no forno até ficar bem crocante e recortar em pedaços menores.

Montagem:
1. Dispor o creme no fundo do prato. Retirar a espuma da geladeira e posicioná-la no centro do prato, cobrindo-a com os pedaços da pele de tomate.

VINHO: Ousada e criativa a utilização do tomate. Resulta numa agradável sobremesa de sabor delicado que pode ser realçado com um Moscato Rosa, um belo e aromático vinho doce *rosé* da região de Venezia Giulia, na Itália.

Doce de Tomate com Fromage Blanc

ROANNE | São Paulo

PREPARO:

1. Lavar bem os tomates, cortando em quatro pedaços e retirando as sementes.

2. Em um recipiente grande dissolver a "cal virgem" em 4 litros de água. Acrescentar os tomates e deixá-los totalmente submersos por 6 horas. Em seguida, lavá-los muito bem (três a quatro vezes com água corrente), certificando-se de que toda a cal foi removida.

3. Preparar uma fina calda com as especiarias: colocar o açúcar na água e acrescentar as especiarias (baunilha, canela, cravo e gengibre). Deixar ferver. Esperar o açúcar se dissolver completamente (se formar espuma, retirá-la cuidadosamente com uma colher). Colocar os tomates e deixar ferver por aproximadamente 1 hora em fogo médio, acompanhando sempre o processo. Retirar da panela e deixar resfriar uma noite na geladeira. Retirar as especiarias e dispensar.

180g de tomate verde
  (2 unidades grandes)
180g de tomate vermelho
  (2 unidades grandes)
180g de tomate amarelo
  (2 unidades médias)
20g de "cal virgem" para doces
  (2 colheres de sopa rasas)
4 litros de água
360g de açúcar (60g para
  cada tomate)
300ml de água (1 1/2 copo)
1 pau de canela
25g de cravo (5 unidades)
30g de gengibre fresco
  descascado (1 dedo)

Para o acompanhamento:
60g de creme de leite fresco
  (6 colheres de sopa)
120g de *fromage blanc*
sal e pimenta-do-reino a gosto

4. Em um recipiente, misturar o creme de leite, o *fromage blanc*, o sal e a pimenta e bater até formar um creme.
5. Dividir os tomates em pratos fundos com um pouco de calda, acompanhando com o creme de *fromage blanc*.

Obs.: Este prato também pode ser feito com os tomates sem casca. Para isso, espetar os tomates inteiros em um garfo e aproximá-los da chama do fogão até soltarem a pele.

VINHO: O creme de *fromage blanc* é um complemento importante, pois equilibra os sabores e contribui para uma melhor harmonia do paladar. Um Late Harvest Sémillon do Novo Mundo que não é extremamente doce colabora para uma boa união.

Brûlée Delírio de Colombo

QUADRIFOGLIO | Rio de Janeiro

Preparo da compota de tomate:

1. Fazer uma calda com o açúcar e a água, deixar ferver em fogo médio por 5 minutos aproximadamente. Juntar os tomates bem picados e deixar ferver por mais 15 minutos, até adquirir consistência de compota. Deixar esfriar.
2. Colocar o creme de leite em uma tigela.
3. Em outro recipiente, bater os 2 ovos inteiros e a gema com o açúcar, utilizando o batedor de arame. Acrescentar o leite. Não usar batedeira nem liqüidificador.
4. Misturar os ovos ao creme, mexer bem, passar por uma peneira bem fina. Adicionar o cardamomo e a baunilha. Acrescentar a compota de tomate.
5. Colocar em potinhos.
6. Levar ao forno médio, em banho-maria,* forrando antes o fundo do tabuleiro com um pano, para que os potinhos não balancem durante o cozimento e o creme não talhe.

Para a compota de tomate:
150g de açúcar (1 xícara)
80ml de água (1/3 xícara)
240g de tomate maduro médio sem casca e sem semente (3 unidades)
250ml de creme de leite fresco
3 ovos (2 inteiros e 1 gema)
150g de açúcar (1 xícara)
80ml de leite (8 colheres de sopa)
1 pitada de cardamomo em pó
1 colher de chá de baunilha
açúcar cristal para pulverizar

Utensílios necessários:
batedor de arame e, para caramelizar,* um maçarico para uso culinário ou ferro de caramelar, peneira fina, potinhos refratários

7. Assar por aproximadamente meia hora, até a superfície ficar ligeiramente firme. Deixar esfriar.
8. Para servir, pulverizar com açúcar cristal e caramelizar* com o maçarico ou com ferro de caramelar.*

VINHO: Nesta receita, a doçura e a acidez estão em perfeita harmonia. Para dar um toque mais ousado um Mascato d'Asti levemente frizante, do Piemonte.

Tomates Assados com Frutas Cristalizadas

CASA DA SUÍÇA | Rio de Janeiro

PREPARO:

1. Preparar o doce de tomate, colocando na panela os tomates, o açúcar, a uva-passa o coco ralado, os cravos e a casca de canela. Aquecer em fogo brando até dar consistência de doce. Reservar.

2. Cortar uma tampa nos oito tomates e dar um corte no fundo (para que depois possam ficar firmes no prato). Tirar a polpa.

3. Ferver o vinho com o açúcar e as julianas* de limão.

4. Acrescentar as frutas secas, as amêndoas e os *pinoli*. Cozinhar por dois minutos e coar. Levar o vinho novamente ao fogo para reduzir* mais.

5. Rechear os tomates com 2/3 das frutas, com as amêndoas e os *pinoli*.

6. Colocar as tampas dos tomates e assá-los por 15 minutos a 180°C.

7. Fazer um espelho com o vinho (colocá-lo no fundo do prato), dispor dois tomates sobre ele, espalhar o restante das frutas em volta, e colocar 1 colher do doce de tomate em frente a cada tomate recheado. Servir quente.

400g de tomate sem pele e sem polpa (5 unidades médias)
100g de açúcar (10 colheres de sopa)
20g de uva-passa (2 colheres de sopa)
20g de coco ralado (2 colheres de sopa)
5g de cravo (4 unidades)
1 casca de canela
640g de tomate (8 unidades médias)
200ml de vinho tinto de mesa (1 copo)
100g de açúcar (10 colheres de sopa)
10g de casca de limão à juliana* (1 colher de sopa)
320g de frutas secas (*zitronnat, orangat*, figos, damascos, tâmaras, ameixas)
20g de amêndoas cortadas e tostadas (2 colheres de sopa)
20g de *pinoli* tostado (2 colheres de sopa)

VINHO: Um verdadeiro pomar de cores e sabores. Para enriquecer esta inspiração, um Muscat de Riversalts, com seu toque de flores no aroma.

DICAS

Para descascar o tomate, faça um pequeno corte em cruz e, em seguida, coloque-o em água fervente ou óleo quente a 150°C, por 5 segundos. Retire-o e mergulhe-o em água com gelo. Após resfriar, utilize uma pequena faca para retirar a pele.

Pizzas e outros tipos de massa que requeiram tomates *in natura* podem se "afogar" na água que eles soltarão. Convém, antes de usar os tomates, levá-los ao forno, o tempo suficiente para que sequem um pouco.

Verifique sempre se os tomates estão frescos e firmes, antes de iniciar o preparo dos pratos.

Por conta do clima e do solo, os tomates brasileiros são ácidos, têm a pele mais dura, a polpa menos densa e são mais aguados. Para corrigir sua acidez, adicione um pouco de açúcar ou mel. Na preparação de molhos, utilize cenouras, porque sua essência adocicada contrasta e ajuda na redução da acidez do tomate. Lembre-se, porém, de que a cenoura altera a coloração do molho.

Deixe sempre para acrescentar o sal no final do preparo do molho, para não alterar sua consistência. O sal aumenta a liberação de água do tomate, podendo salgar o molho demasiadamente.

Tomate I Aromas e Sabores da Boa Lembrança

50g de *bacon* cortado
bem fininho
20g de manteiga ou margarina
(1 colher de sopa)
2 dentes de alho picados
2 colheres de sopa de
cebola picada
2 colheres de sopa de
aipo picado
2 colheres de sopa de cenoura
picada ou ralada
1 colher de sopa cheia de
farinha de trigo
150ml de caldo de carne
1kg de tomate fresco sem pele
e sem semente
1 folha de louro rasgada
3 colheres de sopa de
manjericão picado
1 colher de sopa de
tomilho picado
1 colher de sopa de açúcar
sal a gosto

Receita de molho de tomate básico:

1. Em uma panela, juntar o *bacon*, a manteiga e o alho e deixar dourar. Juntar a cebola, o aipo e a cenoura e mexer até começar a ficar macio. Juntar o trigo e mexer até ficar ligeiramente dourado.

2. Juntar o caldo (mexendo bem para não embolotar) e acrescentar os tomates batidos no liqüidificador. Deixar ferver até reduzir* e engrossar. Juntar as ervas e o açúcar. Corrigir o sal e deixar ferver até a consistência desejada.

Obs.: Os tomates frescos podem ser substituídos por pelados em lata de 500g e batidos no liqüidificador, sem a água.

TABELA DE EQUIVALÊNCIA

1 copo	200ml
1 colher de sopa	5ml
1 colher de chá	10ml
1 tomate médio	aproximadamente 80g
1 tomate grande	aproximadamente 100g
1 colher de sopa	34g de tomate seco
1 colher de sopa	10g
1 colher de chá	5g
1 xícara	100g de farinha de trigo
1 xícara	100g de maisena
1 xícara	100g de arroz
1 xícara	150g de açúcar
1 colher de sopa	10g de açúcar
1 colher de sopa	34g de queijo Catupiry
1 colher de sopa	25g de manteiga
1 colher de sopa	10g de queijo parmesão
4 bolas	150g de mozarela de búfala
1 colher de sopa	10g de cebola picada
1 cebola grande	aproximadamente 50g
1 cebola média	aproximadamente 100g
1 cebola pequena	aproximadamente 30g
1 cenoura grande	aproximadamente 100g
1 cenoura média	aproximadamente 50g
1 cenoura pequena	aproximadamente 30g
1 pepino médio	aproximadamente 50g
1 batata média	aproximadamente 50g
1 colher de sopa	10g de gengibre ralado

1 colher de sopa	10g de gengibre em pasta
1 colher de café rasa	5g de sal
1 colher de chá	5g de sal
1 colher de café	4g de fermento em pó
1 colher de sopa	15g de fermento em pó
1 maço de salsa	80g
1 colher de sopa de salsa picada	10g
1 colher de chá de coentro em pó	5g
1 colher de sopa de coentro picado	10g
1 colher de café de açafrão	6g
1/4 de colher de chá de pimenta-do-reino moída	5g
1 colher de chá de raspa de casca de limão	20g
1 dente de alho	5g

GLOSSÁRIO

Aneto – Mesmo que endro ou dill, pertence à família das umbelíferas, à qual pertencem o coentro, o cominho e a erva-doce. Semelhante ao funho. Pode ser adquirido em grão ou folhas.

Apurar – Processo de tornar o alimento que está sendo preparado mais concentrado ou saboroso, deixando-o ferver por um tempo prolongado.

Banho-maria – Aquecer ou cozinhar lentamente um alimento, colocando o recipiente em que este se encontra dentro de outro com água e levando-o ao fogo ou ao forno.

Bouquet garni (termo francês para "buquê de ervas") – Pequeno maço de ervas usado para condimentar, no qual se amarram principalmente cheiro-verde, manjericão, cebolinha, folhas de louro, aneto e estragão.

Caramelizar – Derreter o açúcar no fogo até que se torne uma calda escura e grossa. Também significa cobrir o fundo e as bordas de um recipiente com essa calda.

Deglaçar – Fazer um fundo com o restante das carnes que ficam grudadas nas panela ou no utensílio de cozimento, juntando um pouco de vinho, líquido aromático ou água.

Desossar – Retirar os ossos de uma carne mantendo sua forma original.

Dessalgar – Retirar o excesso de sal de um alimento, deixando-o de molho em água, que deve ser trocada em intervalos regulares (em geral estipulados na receita).

Emulsionar – Incorporar levemente ingredientes líquidos com um batedor de arame.

Flambar – Derramar determinada quantidade de bebida alcoólica sobre um alimento que está sendo preparado e atear-lhe fogo, mantendo as chamas por alguns instantes.

Gratinar – Cobrir o prato com queijo ralado e farinha de rosca, levando-o ao forno até que se forme uma crosta dourada.

Hidratar – Adicionar água a determinado alimento para que ele recupere suas características originais, como se faz, por exemplo, com cogumelos secos, gelatina e leite em pó.

Juliana – Corte do alimento em tirinhas.

Marinar – Deixar um alimento – em geral carnes, aves ou peixes – de molho em marinada (vinha-d'alhos) para que fique mais macio e impregnado pelo molho. A marinada é um preparado de azeite, vinagre ou suco de limão, com sal ou vinho, ao qual se acrescentam vários temperos, como cebola, alho, louro e salsa.

Reduzir – Diminuir a quantidade de líquido pela fervura até que este chegue ao ponto ideal.

Saltear – Método de cozimento rápido, em que se faz uma breve fritura com o utensílio em movimento, de forma que o alimento não fique em contato com o fundo da panela.

Tartar – Picadinho cru.

ÍNDICE REMISSIVO DE RESTAURANTES

Antiquarius (Rio de Janeiro) 83
Antiquarius (São Paulo) 22
Arábia 27
Arlecchino 56
Banana da Terra 89
Beijupirá 82
Bistrô d'Acâmpora 23
Boulevard 123
Calamares 84
Cantaloup 78
Casa da Suíça 131
Chez Georges 29
Divina Gula 98
Dom Giuseppe 58
Dona Derna 62
Enotria 37
Famiglia Caliceti-Bologna 67
Fogo Caipira 100
Galani 61
Giuseppe 31
Gosto com Gosto 106
Guimas 79
Il Tramezzino Di Paolo 59
Kojima 88
La Bourgogne 102
La Casserole 35
Lá em Casa 53
La Gondola 73
La Sagrada Familia (Niterói) 41
La Sagrada Familia (Rio de Janeiro) 112
La Vecchia Cucina 69
La Via Vecchia 33
Locanda della Mimosa 125
Luna Bistrô 86
Marcel 43
Margutta 81
Mistura Fina 49
Moana 104
Nakombi 91
O Navegador 95
Oficina do Sabor 39
Oriundi 108
Pato com Laranja 114
Pax 47
Portugallia 71
Quadrifoglio 129
Rancho Inn 45
Roanne 127
Ruella 118
Sagarana 110
Splendido Ristorante 51
Sushi Garden 93
Taste Vin 116
Varig no Mundo 75
Vecchio Sogno 63
Vinheria Percussi 65
Wanchako 25
Xapuri 120

ÍNDICE REMISSIVO DE RECEITAS

Açorda de Bacalhau e Tomates 95

Bacalhau à Biscaina 83

Balaio de Carne-de-Sol com Molho
de Tomate Verde 100

Brûlée Delírio de Colombo 129

Camarões com Brotos de Feijão
em Molho de Tomate 82

Carpaccio Doce Fruto 47

Carrê de Cordeiro com Molho de
Hortelã e Trança de Tomates 118

Conchinhas à Parmegiana de
Camarões e Tomates 25

Costeleta de Porco com Chutney
de Tomate 106

Creme de Tomate com Garganelli
e Molho de Anchovas e
Pimentões 67

Cumbucas de Tomate Recheadas
com Bacalhau 84

Doce de Tomate com Fromage
Blanc 127

Espuma de Tomate Caramelada 125

Fettuccine com Tomates Secos e
Ricota 58

Filé com Molho de Tomate, Vinho

e Calda de Rapadura 110

Frango Caipira e Nhoque de
Macaxeira com Molho de
Tomate 98

Frango com Pudinzinho de
Batata-Baroa 114

Frango com Tomate 120

Frango Recheado com Tomates
Secos e Espinafre 112

Galeto Assado com Tomates,
Cogumelos e Ervas 116

Gazpacho 22

Geléia de Tomate com
Provolone 41

Leito de Geléia de Tomates à Moda
Basca e Costeletas de Suíno 102

Massa com Shimeji, Tomates e
Camarões 88

Mil-Folhas de Tomate e Atum 51

Musse à Amalfitana 31

Nhoque Mediterrâneo 71

Nhoques Recheados com Geléia
de Tomates 63

Ninhos de Tomates à
Provençal 35

Peixe à Neroni 81

Peixe Gratinado ao Molho de
Tomates Secos 89

Penne ao Tomate Seco e
Porcini 61

Praia do Forte 33

Quiche de Tomate e Shiitake 75

Risoto de Galinha-d'Angola ao Trio
de Tomates 73

Risoto de Tomate, Perdiz e
Manga 59

Risoto em Branco com Caudas de
Lagostas e Tomates 69

Salada de Tomate com Sumac e
Arak 27

Salmão Trançado com Tomate
Seco 91

Sonho de Tomate e seu Chutney
com Frutos do Mar 79

Sopa Fria de Tomate com Pudim
de Lagostins 45

Suflê Quente de Tomate com
Roquefort 123

Tagliatelle Verde com Pequenos
Frutos do Mar e Creme Frio de
Tomates 56

Tagliolini com Tomates e

Lagostins 65

Tartar de Tomate sobre Leito de
Queijo 29

Tartar de Tomate, Camarão e
Lagostins 78

Tomates ao Pesto de Jambu 53

Tomates Assados com Frutas
Cristalizadas 131

Tomates Perfumados e Arroz de
Alho-Poró 86

Tomates Quentes em Leito de
Folhas Verdes 37

Tomates Recheados com Filés de
Atum Crocantes 93

Tomates Recheados com Suflê de
Camembert 43

Tomates Recheados em Carpaccio
de Avestruz Defumado 104

Tomates Verdes Envolvidos em
Espinafre e sua Geléia 23

Tomates-Maçãs Recheados de
Arroz 62

Torta de Tomates e Queijo
Branco 49

Torta Três Tomates 39

Tortinha Caprese com Azeite de
Ervas 108

Tomate I Aromas e Sabores da Boa Lembrança **141**

RELAÇÃO DOS RESTAURANTES ASSOCIADOS

ALAGOAS

Akuaba
Tel.: (82) 325-6199

Divina Gula
Tel.: (82) 235-1016

Wanchako
Tel.: (82) 327-8701

AMAPÁ

Cantina Italiana
Tel.: (96) 225-1803

CEARÁ

Moana
Tel.: (85) 263-4635

Marcel
Tel.: (85) 219-7246

DISTRITO FEDERAL

Alice
Tel.: (61) 368-1099

ESPÍRITO SANTO

Oriundi
Tel.: (27) 3227-6989

Papaguth
Tel.: (27) 3324-0375

MATO GROSSO DO SUL

Fogo Caipira
Tel.: (67) 324-1641

MINAS GERAIS

A Favorita
Tel.: (31) 3275-2352

Dona Derna
Tel.: (31) 3225-8047

La Victoria
Tel.: (31) 3581-3200

Splendido Ristorante
Tel.: (31) 3227-6446

Taste Vin
Tel.: (31) 3292-5423

Vecchio Sogno
Tel.: (31) 3292-5251

Viradas do Largo
Tel.: (32) 3355-1111

Xapuri
Tel.: (31) 3496-6455

PARÁ

Dom Giuseppe
Tel.: (91) 241-1146

Lá em Casa
Tel.: (91) 223-1212

PARANÁ

Boulevard
Tel.: (41) 224-8244

Famiglia Caliceti-Bologna
Tel.: (41) 223-7102

PERNAMBUCO

Beijupirá
Tel.: (81) 3552-2354

Chez Georges
Tel.: (81) 3326-1879

Garrafeira
Tel.: (81) 3466-9192

Kojima
Tel.: (81) 3328-3585

Oficina do Sabor
Tel.: (81) 3429-3331

Quina do Futuro
Tel.: (81) 3241-9589

RIO DE JANEIRO

Banana da Terra
Tel.: (24) 3371-1725

Borsalino
Tel.: (21) 2491-4288

Carême Bistrô
Tel.: (21) 2226-0093

Casa da Suíça
Tel.: (21) 2252-5182

Emporium Pax
Tel.: (21) 2559-9713

Esch Cafe (Centro)
Tel.: (21) 2507-5866

Esch Cafe (Leblon)
Tel.: (21) 2512-5651

Galani
Tel.: (21) 2525-2525

Giuseppe
Tel.: (21) 2509-7215

Gosto com Gosto
Tel.: (24) 3387-1382

La Sagrada Familia
Tel.: (21) 2252-2240

Locanda della Mimosa
Tel.: (24) 2233-5405

Margutta
Tel.: (21) 2259-3887

Mistura Fina
Tel.: (21) 2537-2844

O Navegador
Tel.: (21) 2262-6037

Parador Valencia
Tel.: (24) 2222-1250

Pax
Tel.: (21) 2522-8009

Quadrifoglio
Tel.: (21) 2294-1433

Rancho Inn
Tel.: (21) 2263-5197

Sawasdee
Tel.: (22) 2623-4644

Sushi Leblon
Tel.: (21) 2274-1342

RIO GRANDE DO SUL

Calamares
Tel.: (51) 3346-8055

La Caceria
Tel.: (54) 286-2544

Taverna Del Nonno
Tel.: (54) 286-1252

SANTA CATARINA

Bistrô D'Acampora
Tel.: (48) 235-1073

SÃO PAULO

Amadeus
Tel.: (11) 3061-2859

Arábia
Tel.: (11) 3061-2203

Cantaloup
Tel.: (11) 3078-9884

Ilha Deck
Tel.: (12) 3896-1489

Empório Ravióli
Tel.: (11) 3846-2908

Ludwig
Tel.: (12) 3663-5111

Marcel (Brooklin)
Tel.: (11) 5504-1604

Marcel (Jardins)
Tel.: (11) 3064-3089

Nakombi
Tel.: (11) 3845-9911

Vila Bueno
Tel.: (19) 3867-3320

Vinheria Percussi
Tel.: (11) 3088-4920

SERGIPE

La Tavola
Tel.: (79) 211-9498

VARIG NO MUNDO
Tel.: (21) 3814-5859

Associação dos
Restaurantes da
Boa Lembrança
Tel.: (81) 3463-0351
www.boalembranca.com.br

Tomate | Aromas e Sabores da Boa Lembrança | 143

SOBRE OS AUTORES

Nana Moraes

Danusia Barbara

Jornalista carioca, prova do bom e do melhor em todas as partes do mundo. Da Amazônia a Mianmar, do Canadá ao Zimbábue, dos Estados Unidos às Ilhas Maurício, da Europa à América do Sul, dos pampas gaúchos à Tailândia e ao Oriente Médio, lugares por onde passou, **Danusia Barbara** pesquisa sabores, gostos, texturas, contrastes, sensações. Há vinte anos escreve o *Guia Danusia Barbara*, sobre os restaurantes do Rio.

É autora dos livros *Rio, Sabores & segredos*; *Feijão*; *Berinjela*; *Porco*; *Batata*; *Satyricon – O mar à mesa*, *A borrachinha que queria ser lápis* (infantil) e *Roteiro turístico-cultural das praias do Rio de Janeiro*. Mestre em Poética pela Universidade Federal do Rio de Janeiro (UFRJ) e com cursos na Columbia University, Nova York, colabora em várias publicações com artigos sobre suas aventuras gastronômicas.

O *site* oficial da autora está disponível em <www.danusiabarbara.com>.

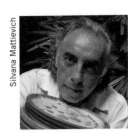

Sergio Pagano

Italiano de Milão, o fotógrafo começou sua carreira naquela cidade, em 1970, com ensaios para as principais revistas de decoração, agências de publicidade e galerias de arte. Em 1978, **Sergio Pagano** foi para Paris, onde morou por nove anos, durante os quais se dedicou a fotografar concertos de *rock* e seus artistas. Foi essa especialidade que o trouxe ao Rio de Janeiro, para fotografar o Rock in Rio.

Em 1986, mudou-se definitivamente para o Brasil, onde tem realizado trabalhos de fotografia nas áreas de decoração, arquitetura e gastronomia. Esses mesmos temas também lhe renderam mais de vinte livros publicados. Entre eles destacam-se *Feijão*, *Berinjela*, *Porco* e *Batata*, da Associação dos Restaurantes da Boa Lembrança e Danusia Barbara, e os volumes da coleção *Receita Carioca*.

Em setembro de 2003, foi lançado o *site* <www.sergiopagano.com.br>, no qual estão disponíveis alguns de seus trabalhos.

Associação dos Restaurantes da Boa Lembrança

A **Associação dos Restaurantes da Boa Lembrança** nasceu há dez anos com a intenção de integrar as diversas cidades do Brasil por meio da culinária, nas suas mais diversas origens e influências. Parte do princípio de que uma boa refeição deixa alegrias na memória. Para enfatizar e registrar tal momento, os restaurantes produzem e distribuem pratos de cerâmica, pintados à mão e com toques leves e bem-humorados, aos clientes que saboreiam o prato escolhido para ser o da Boa Lembrança, que varia a cada nova temporada.

Inspirada na italiana Unione Ristoranti del Buon Ricordo, que existe há quarenta anos, a Associação conta hoje com mais de sessenta restaurantes, em 14 estados do Brasil e no Distrito Federal.

Milhares de clientes, amantes da boa mesa, se tornaram, ao longo dos anos, colecionadores inveterados dos Pratos da Boa Lembrança. Para eles, foi criado o Clube do Colecionador, onde trocam suas experiências gastronômicas, receitas e os tão desejados pratos. Nessa busca constante pela qualidade, acontece todos os anos o Congresso Nacional da Associação dos Restaurantes da Boa Lembrança, para ampliar ainda mais o congraçamento das boas ofertas gastronômicas em todo o Brasil.

A coleção *Aromas e Sabores da Boa Lembrança* é um projeto que teve início em 2001 e se tornou um grande sucesso. Trata-se de uma reunião de receitas desenvolvidas pelos restaurantes, sempre abordando um tema principal. Como primeiro tema foi escolhido o tomate, fruta versátil e indispensável, presente em pratos do mundo inteiro.

CIP-BRASIL.CATALOGAÇÃO-NA-FONTE
SINDICATO NACIONAL DOS EDITORES DE LIVROS, RJ.

B184t

Barbara, Danusia, 1948–
    Tomate
/ texto Danusia Barbara ; fotos Sergio Pagano ; [produção das receitas e food style
Sergio Pagano e Associação dos Restaurantes da Boa Lembrança]. – Rio de Janeiro:
Editora Senac Rio, 2005
    148p. : il. ; . –(Aromas e Sabores da Boa Lembrança ; 1)

13cm x 18cm

Apêndices
Inclui bibliografia
ISBN- 85-87864-67-X

1. Culinária (Tomate). 2. Tomate – Variedades.
I. Pagano, Sergio, 1949–. II. Associação dos Restaurantes da Boa Lembrança. III.
Título. IV. Série.

05-1107.   CDD 641.65642
                                                             CDU 641.56:635.64

Tomate | Aromas e Sabores da Boa Lembrança | 147

Este livro foi composto por Silvana Mattievich
em Trade Gothic e impresso em papel
Pólen Rustic Areia 90g/m², nas oficinas da Gráfica Minister,
para a Editora Senac Rio, em abril de 2005.